安徽省哲学社会科学规划青年项目研究成果，项目批准号：AHSKQ2021D192

现代汉语

语气副词 的

反预期与评价立场表达研究

武钦青 著

上海三联书店

目　录

第一章　绪　论

1.1　研究对象及意义

1.1.1　研究对象

本书主要研究现代汉语语气副词反预期①功能与评价立场表达的问题,包括语气副词反预期功能的浮现;容让类语气副词的反预期与言者态度;言实类语气副词的反预期与言者立场;反预期与负面评价的规约化等。"话语立场"是语言的一个主观性范畴,包括主观认识与评价、价值判断、个人情感等内容。可见,"评价"是话语立场表达的内容之一,作为一种会话行为,它由交际双方合作完成。在本书中,我们从语气副词的反预期功能去探讨其评价立场表达的类型、特点及功能等问题,主要是基于以下几点考虑:

首先,语气副词一直是副词研究的热门话题。学界也把这类词称为情态副词或评注性副词,它们是表达语气范畴的重要语法

---

① 本书对"反预期"采用广义上的理解,凡是不符合预期的信息我们都称为反预期信息,包括与预期信息的相反对立、在预期量上的不及或超过(负预期量或超预期量)。

手段,基本功能是对相关命题或述题进行主观性评注,带有较强的语气,体现了说话人的主观情态。这也说明了语气副词在言语互动过程中具有评价功能,体现言者立场。反预期也是表达对所述命题的情感与态度,两者具有相通性,因此从反预期的角度研究语气副词的评价立场是可行的。

其次,在信息传递过程中,人们总会有一个参照预期,它通常与一定社会常规、言谈事件中听说双方的知识状态以及特定的话语语境密切相关,当所传递的信息与参照预期产生了偏离,就产生了反预期信息。这种偏离可以体现在与预期信息的对立和相反,如"反而""反倒""竟然""偏偏"等语气副词所传达的反预期信息;也可以体现在与特定语用量的偏离,如"都""还""就"等语气副词及其相关构式所传达的反预期信息。在以往的研究中,学界关注语言现象在反预期类型上的表现,一般认为反预期类型可以分为与受话人信息相反、与说话人信息相反、与特定言语社会共享信息相反三种[①],对反预期形成机制还需进一步深入探讨,特别是基于语用量级的反预期产生。

最后,副词的内部需要分类,可是不容易分得干净利索,因为副词本身就是个大杂烩[②],语气副词作为副词成员最多的一个次类,更是如此。学者们从不同的标准对语气副词进行了划分,所列语气副词的成员也有所不同,究其原因是在"语气"把握上,时间副词、范围副词、关联副词等都与"语气副词"存在纠葛,语气副词是其他副词主观化的结果。反预期的主体涉及说话人和听话人,是

---

①　吴福祥:《说"X 不必 Y·Z"的语用功能》,《中国语文》,2004 年第 3 期。

②　吕叔湘:《汉语语法分析问题》,商务印书馆,1979 年,第 42 页。

在言语互动过程中产生的,体现了主观性与交互主观性。言语互动中,预期不断被确认或修正的过程便是话轮转换的过程,即发话者首先存在一种预期说明,发话者自身或受话者会根据自己的观察和经验对先前的预期做出回应(response),如果一个话段所陈述的情形跟该参照预期偏离了,那么它表达的就是一个反预期信息①。同时,反预期的表达体现了言者立场,从主观立场角度出发分析语气副词在反预期表达中所体现的言者态度与意图,有利于加深我们对语气副词语用功能的理解。

1.1.2　研究意义

评价立场的表达是个动态的语言交际过程,从反预期角度入手把语气副词放在互动会话中去研究,才更能深刻理解它独特的语用功能。基于自然口语语料,运用评价立场理论去深入挖掘语气副词的人际功能,考察不同类别语气副词所体现的言者评价立场是本书研究的主要目的。从 20 世纪 70 年代开始,语言学研究的功能转向开始得到越来越多的学者的认可,从语言的社会属性、交际互动功能和语境来进行语言研究。本书选择语气副词反预期与评价立场的表达角度进行研究,就是以动态的视角考察反预期信息传递中的人际互动功能,具有理论价值和现实意义。

第一,语气副词不管是在语法意义上还是在语法形式上与副词的其他小类都有较大的不同,在副词中是较为独特的一

---

① 郑娟曼:《所言预期与所含预期——"我说呢、我说嘛、我说吧"的用法分析》,《中国语文》,2018 年第 5 期。

类。语气副词由于其本身表示语气特征所致,它在句中的用法非常灵活,虽然在三个平面结合研究方面有了一些进展,但不够深入,尤其是在语境的预设对语气副词应用的影响以及预设的改变与焦点的移动方面更为欠缺[①],本书考察与语气副词反预期信息传递及其评价立场的相关研究,有利深化对语气副词的分类、功能及用法的再认识,也是对现代汉语语气系统的有益补充。

第二,进一步加深对"主观量"认识。李宇明在讨论主观量的来源时认为"异态型"是主观量的来源之一,异态量就是异于常量的偏离预期量[②],本书基于语用量级考察语气副词反预期的产生有助于加深对"主观量"的再认识。

第三,以语气副词反预期信息的传递为切入点,综合运用语用量级、主观性与交互主观性、元语言、主观立场以及篇章语言学的相关理论,解释具体的语言现象,充分考虑到会话序列中反预期表达体现的言者立场,有助于加深对基于使用(usage-based language)的语言观的理解。

第四,语气副词是留学生习得的难点,也是国际中文教师教学的难点,本书的研究可以帮助留学生减少学习汉语中的障碍。书中对具体语言现象的对比研究,如"都""还"在连字句中使用差异,"就""偏""硬"在拂逆句中的使用差异,"大不了"与"充其量"的使用差异等等,可为国际中文教学提供参考和借鉴。

---

① 齐沪扬:《语气词与语气系统》,安徽教育出版社,2002 年,第 164 页。
② 李宇明:《汉语量范畴研究》,华中师范大学出版社,2000 年,第 113 页。

1.2 相关研究的现状

1.2.1 关于反预期的研究

1.2.1.1 关于反预期来源与类型的研究

Heine 提出了预期的两个主要来源,一是说话人所熟悉的世界的规范(norm)和标准(standard),这个规范和标准对说话人和听话人都是一样的,也可以成为共享预期(shared expectation);二是双方各自具有的知识状态(state of knowledge),该知识状态可能因年龄、性别、社会地位、文化背景、意识形态等不同而不同[①]。当事情的发生与预期的这两个来源有所偏离或不符时,便产生了反预期。

吴福祥在讨论"X 不比 Y·Z"的反预期的语用功能时明确把反预期分为三种:(A)与受话人的预期相反;(B)与说话者自己的预期相反;(C)与特定言语社会共享的预期相反。对应的例子如下[②]:

(A)他的工作很辛苦,我的工作并不比他的轻松。

(B)甘子这时才悟到,原来自己也整过人,其后果并不比人家整自己轻微。

(C)我觉得吧,咱们副教授水平并不比人家教授低。

自吴福祥对汉语反预期研究后,研究者开始重视汉语中的反预期现象。郑娟曼在反预期信息的基础上提到"反期望信

---

① Heine B, Claudi U and Hünnemeyer F. *Grammaticalization*:*A Conceptual Framework*,Chicago and London University of Chicago Press,1991,p.192.
② 吴福祥:《说"X 不必 Y·Z"的语用功能》,《中国语文》,2004 年第 3 期。

息",即某人或某事存在的现状或发展结果对于说话者来讲是非期望的,那么说话者表达的是反期望信息①。宗守云认为与受话人预期相反和与说话人预期相反都是和个人预期相反,可以并为一种,反预期实际上只有两种,一是和个人预期相反,二是和社会预期相反②。陆方喆在吴福祥研究的基础上提到反预期来源主要有三类,与已知信息直接相反;与特定语用量级相反;与合情推理相反③。单威根据指向对象的不同把偏离预期信息的类型分为偏离说话人信息、偏离受话人预期或说话人推测的受话人预期、偏离第三方或事主预期、偏离听说双方预期、偏离社会预期。此外,还有学者针对具体语言现象提出不同的反预期类型④。如韩蕾在分析"人称代词+称谓"的反预期功能时,指出其具有"直接反预期"与"间接反预期"两种情况⑤。胡德明认为话语标记"谁知"除了吴福祥提到的三种类型外,还有与事主的预期相反、与特定的人的预期相反⑥。陆方喆指出"但是"在转折句的反预期表达类型主要有两种,一是与显性预期相反,二是与隐含预期相反⑦。

1.2.1.2　关于反预期标记的研究

顾名思义,反预期标记就是标示反预期信息的语法手段。Heine认为在言谈事件中当说话人针对语境中谈及的某一事物或

---

① 郑娟曼:《"还NP呢"构式分析》,《语言教学与研究》,2009年第2期。
② 宗守云:《说反预期结构式"X比Y还W"》,《语言研究》,2011年第3期。
③ 陆方喆:《现代汉语反预期标记研究》,中国社会科学出版社,2017年,第45页。
④ 单威:《现代汉语偏离预期的表达研究》,吉林大学博士学位论文,2017年,第22页。
⑤ 韩蕾:《"人称代词+称谓"序列的话题焦点性质》,《汉语学习》,2009年第5期。
⑥ 胡德明:《话语标记"谁知"的共时与历时考察》,《语言教学与研究》,2011年第3期。
⑦ 陆方喆:《现代汉语反预期标记研究》,中国社会科学出版社,2017年,第176页。

事态提出一种与他自己或受话人的预期相反或相背离的断言、信念或观点时，那么该说话人就表达了一种反预期信息。人类语言都有区别符合常规与偏离常规情状的表达手段，偏离常规的就是反预期。Heine 还指出反预期可以采用某种标记（marker）加以标识，可以是形态句法（morphosyntactic），如句子副词和语序，也可以是语音（phonological），如重音。并列举了英语中常见的反预期标记，如表 1-1 所示①：

表 1-1 英语中常见的反预期标记

标 记	释 义	典型使用域
too（太）	超过合适的度	任何域
nevertheless（然而、尽管）	与预期相反	任何域
only（只有）	少于合适的预期	数量
already（已经）	早于预期开始	时间
not yet（还没）	晚于预期开始	时间
still（仍然）	晚于预期结束	时间
no longer（不再）	早于预期结束	时间

Traugott 和 Dasher 认为反预期标记是说话人或者作者用以标示他们表达的信念或观点与他们自己或对话者对相关特定事件预期相反的特殊标记，并以"in fact"为例，认为它引入或唤起一种对立情况，这种情况与另一个说话人或同一个说话人之前说过

①　Heine B, *Grammaticalization：A Conceptual Framework*，Chicago and London University of Chicago Press，1991，pp.191－193.

的内容相反①。

　　受 Heine 和 Traugott 等国外学者研究的启发,国内学者也越来越重视汉语反预期标记的研究,根据 Heine 的定义吴福祥总结出了反预期标记的两种属性:一是反预期标记的使用隐含了被断言的情形与特定语境里被预设、预期的情形或者是被认为是常规(norms)的情形之间的一种对比;二是前者与后者相背离,反预期标记的主要功能是将这个断言与所预期或预期的世界及常规联系起来。同时列举出了汉语里常用的反预期标记,如:事实上、基本上、其实、竟然、居然、不过、然而、还、并、倒、却、可(是)、但(是)等②。谷峰归纳总结了以往研究的汉语中的反预期标记,例如连词"不过""但是""却";副词"并""又""也";语气词"呢""啊";语序"多吃"表预期,"吃多了"表反预期等,并根据反预期研究的误区指出反预期标记不只是表转折、意外的词语,它的范围更广;反预期标记是一种元话语,它不只是表达负面评价;不能把语境隐含义强加在某个词上,比如"以为";对于"并""倒""还"等副词的研究可以用"反预期"来概括其功能,但有些词"反预期"只是它们的副产品③。陆方喆把反预期标记分为语气类、否定类、转折类和疑问类四种,具有代表性的成员如下表④:

---

①　Traugott, Elizabeth Closs & Richard B. Dasher, *Regularity in Semantic Change*. Cambridge: Cambridge University Press, 2002, p.157.

②　吴福祥:《说"X 不必 Y·Z"的语用功能》,《中国语文》,2004 年第 3 期。

③　谷峰:《汉语反预期标记研究述评》,《汉语学习》,2014 年第 4 期。

④　陆方喆:《现代汉语反预期标记研究》,中国社会科学出版社,2017 年,第 62-64 页。

表 1-2 陆方喆关于反预期标记的分类

语气类	并、还、也、甚至、竟然、居然、偏、偏偏、啊、倒、连……也/都
否定类	不料、不想、没想到、谁知(道)、谁料、谁想、哪知、哪料、哪想
转折类	但是、可是、不过、然而、却、其实、实际上、事实上、宁可……也
疑问类	怎么、什么、就/只/是/没/不……吗、不会是/该不是/别不是……吧

1.2.1.3 关于反预期构式的研究

除吴福祥研究"X 不比 Y·Z"的反预期的语用功能外,宗守云认为"X 比 Y 还 W"构式义为反预期,主要是传递反预期信息①。郑娟曼认为"还 NP 呢"是一个表达反期望信息的构式,新信息对于言谈参与者来说可能是其期望的,也可能是非其期望的,前者称为"期望信息",后者称为"反期望信息"②。这里要说明的是,本书认为反期望是对预期偏离,对反预期和反期望不作进一步区分。

宗守云则从"行、知、言"三域理论角度分析了"还 NP 呢"的具体用法,其构式义主要体现在行域贬抑、知域否定、言域嗔怪③。易正中对"亏你 VP"构式进行了考察,认为该句型主要表示"反预期"意义④。石慧敏、吴为善认为作为构式的"都 NP 了"体现了说话人始料未及的语用心理,表达了一种反预期的主观评述,并指出"都 NP 了,连 NP 都/也 VP"是反预期表达力度最高的

---

① 宗守云:《说反预期结构式"X 比 Y 还 W"》,《语言研究》,2011 年第 3 期。
② 郑娟曼:《"还 NP 呢"构式分析》,《语言教学与研究》,2009 年第 2 期。
③ 宗守云:《"还 X 呢"构式:行域贬抑、知域否定、言域嗔怪》,《语言教学与研究》,2016 年第 4 期。
④ 易正中:《反预期功能句型"亏你 VP"》,《汉语学习》,2014 年第 3 期。

整合模式①。

1.2.1.4　与语气副词有关的反预期表达研究

虽然早期学者们未使用"反预期"这个概念,但他们已经注意到这种特殊的语用功能。吕叔湘在解释转折复句的语义时指出,凡是上下两事不谐和的,即所谓句意背戾的都属于转折句,所说的不谐或背戾,多半是因为甲事在我们心目中引起一种预期,而乙事却轶出这个预期,这种心理上的转折在白话常用的有"却、倒、反、偏"等②。王力提到"竟"表示诧异语气,某事出乎意料,"偏"表不满语气,和说话人或对话人意思相反或感情相反③。贺阳认为语气副词"竟、竟然、居然"等属诧异类语气副词,表示说话人对句中所述命题感到出乎意料④。陆俭明、马真把语气副词"反而"的意思概括为"实际出现的情况或现象跟所预料的或按常理在某种前提下应出现的情况或现象相反"⑤。不管是"轶出预期""出乎意料"还是"与预料相反"其实都可视为反预期表达,也为以后的研究提供了参考与研究思路。

汉语学界注重对语气副词反预期的表达研究。袁毓林对"甚至"与"反而"的异同进行了描写与解释,指出二者都是通过焦点对比来表示一种反预期的递进关系,但是其焦点域的性质有所不同,"甚至"只要求焦点域中的各个元素之间有一种顺序性的递进

---

① 石慧敏、吴为善:《隐性语义等级序列的激活机制及其语篇整合效应》,《世界汉语教学》,2014 年第 4 期。

② 吕叔湘:《中国文法要略(增订本)》,商务印书馆,2014 年,第 340 - 345 页。

③ 王力:《中国现代语法》,商务印书馆,1985 年,第 177 - 180 页。

④ 贺阳:《试论汉语书面语的语气系统》,《中国人民大学学报》,1992 年第 5 期。

⑤ 陆俭明、马真:《现代汉语虚词散论》,语文出版社,1999 年,第 152 页。

关系,而"反而"要求焦点域中的各个元素之间有一种反对性的递进关系①。武果分析了"还"的主观性用法,指出反预期义是"还"语义主观化的基础,由与时间相关的持续义发展而来,表示说话人对话语的主观态度,并认为"还"的主观性反预期义可以解释"还"在现代汉语中的多种固定格式或特殊用法②。孙楠对"反/反而/反倒、竟/竟然/居然、偏/偏偏、倒/倒是、其实"等现代汉语转折副词的反预期标记功能进行了考察,包括其反预期信息义、语用功能与反预期信息标记功能③。陈鸿瑶分析了语气副词"也"的反预期功能,并从认知角度分析了"也"反预期功能的形成过程,她认为从认知角度来看,"也"的这种反预期功能与"添加"义的泛化有关,说话人主观地把某成员"添加"进某范畴,就会形成"出乎意料"的效果,而这种在"类同"基础上的"添加"又降低了说话人的施为用意,具有特殊的语用效果④。陆方喆分析"偏偏"的反预期表达功能⑤。单威指出"竟然"表"出乎意料"的核心语义主要源于其典型的反预期功能,"意料"就是我们所说的"预期",由于事情超出一般常理、常情或人们的某种预期,所以说话人才会感到出乎意料,"竟然"所在的语句本身传达的就是反预期信息⑥。

---

①　袁毓林:《反预期、递进关系和语用尺度的类型——"甚至"和"反而"的语义功能比较》,《当代语言学》,2008年第2期。

②　武果:《副词"还"的主观性用法》,《世界汉语教学》,2009年第3期。

③　孙楠:《现代汉语转折副词的反预期标记功能研究》,南京师范大学硕士论文,2012年,第15-44页。

④　陈鸿瑶:《副词"也"的反预期功能》,《东北师大学报(哲学社会科学版)》,2015年第2期。

⑤　陆方喆:《现代汉语反预期标记研究》,中国社会科学出版社,2017年,第88-105页。

⑥　单威:《现代汉语偏离预期的表达研究》,吉林大学博士学位论文,2017年,第22页。

1.2.2 关于评价立场的研究

评价是语言的基本功能之一,互动中人们除了通过语言传递命题内容外,还表达个人感受、态度、价值判断或评价,即个人的"立场"(stance),我们使用语言最重要的事情就是表达一定的立场。评价(evaluation)是一种话语行为,表达说话人的态度、立场或观点,Thompson 认为评价具有反映了说话人及其所在团体的价值观体系、构建维系说话人与听话人的关系和组织语篇这三种主要功能[①]。关于评价立场的问题吸引了国内外学者的关注。

1.2.2.1 国外关于评价立场的研究

语言表达中词汇—语法手段是常用的表评价的方式。Labov 将评价范畴的语言形式分为强调成分(重复、量化词、习语性话语)、比较成分(否定成分、情态词、比较级、最高级)及关联成分(进行时态、定语修饰性成分)[②]。C. Goodwin 和 M. H. Goodwin 指出,互动中的"评价"包含了四个分析层次:评价片段、评价信号、评价行为和评价活动。前两个层级属于语言层面,而后两个层次则属于互动层面,即相关话语所做的事情[③]。Biber and Finegan 列举了十二类表达说话人对信息内容的态度、感情和判断的词汇语法形式,主要有:情感标记,表达确定性的副词、动词、

---

① Thompson(ed.). *Evaluation in Text*: *Authorial Stance and the Construction of Discourse*,Oxford: Oxford University Press,2000. pp.1 – 7.

② Labov,William. *Language in the Inner City*: *Studies in the Black English Vernacular*. Pennsylvania: University of Pennsylvania Press,1972. pp.6 – 17.

③ Goodwin,Charles and Marjorie H. Goodwin. *Concurrent operations on talk*: *Notes on the interactive organization of assessments*,IPRA Papers in Pragmatics,1987,1(1).

形容词,表传疑的副词、动词、形容词,模糊语,表强调成分以及表可能的、必然的、预测的情态词①。Scheibman 在讨论日常口语中的观点表达时指出,在互动言谈中,真正的信息交流往往是非常少的,说话人表达中不断重复的更多的是他们的评价、观点和态度②。

针对人际意义方面的新发展,Martin and Rose 提出了评价理论(appraisal),评价理论是关于评价的,即语篇中所协商的各种态度、所涉及的情感强度和表明价值、联盟读者的各种方式,并把评价系统分为了介入(Engagement)、态度(Attitude)、级差(Graduation)三个方面。其中"态度"是该体系的核心,又可分为情感(affect)、评判(judgment)以及鉴赏(appreciation),分别对应于情感表达、个人认识与社会道义,以及事物的价值③。

Hunston 和 Thompson 指出,"评价"是一个广泛的术语,包含言者或作者对于他人所谈论的事物或命题(事件)的态度或立场、观点以及感受④。而 Thompson 则认为,立场的概念更广泛,包含语篇中的篇章实现阶段(textualized phase)以及实现之前的阶段(pre-realizationa);而评价则是立场在语言上的真实实现或展示⑤。

---

① Biber, Douglas and Edward Finegan. *Styles of stance in English*: *Lexical and grammatical marking of evidentiality and affect*, 1989, 9(1).

② Scheibman. *Point of View and Grammar*: *Structural Patterns of Subjectivity in American English Conversation*. Amsterdam: John Benjamins, 2002, 1(2).

③ Martin, James R. and Peter R. White. *The Language of Evaluation*: *Appraisal in English*. New York: Palgrave Macmillan, 2005.

④ Hunston, Susan and Geoff Thompson(eds.). *Evaluation in Text*: *Authorial Stance and the Construction of Discourse*. New York: Oxford University Press, 2000.

⑤ Thompson, (eds.)(2014) *Evaluationin Context*. Amsterdam/Philadelphia: John Benjamins, 2014.

更多学者认为评价是立场的一个方面。比如 Ochs、Schieffenlin 指出,立场可以进一步分为评价、情感(个人感受)、认识,其中的评价又分为价值判断、评估和态度①。Biber 等也将评价看作立场的一部分,将立场定义为"个人感受、态度、价值判断或评估"②。Hyland 对英语书面语中元话语的分类中,有很多就涉及评价的表达,如模糊语、强化成分、态度标记等③。

Englebretson 涉及立场表达的三个方面:认识立场、评价立场以及道义立场,就是将评价看作立场表达的一个不可或缺的方面④。Du Bois 在解读立场意义以及立场在语言互动中的作用时也指出,立场是一种社会文化行为,对交际主体之间关系的构建以及交际主体与客体之间评价关系的构建具有十分重要的作用,交际主体(言听双方)之间关系的构建体现了一种关系上的认同(aligns),而交际主体与客体之间的关系体现为评价(evaluates),并从方法论的角度为立场研究者提供了一个有效的分析工具,他认为立场可以理解成一个三角行为,如图 1-1⑤:

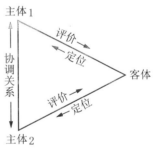

图 1-1　Du Bois(2007:166)
"立场三角"理论

① Ochs,Elinor and Bambi Schieffelin. Language has a heart. *Text and Talk* 9,1989,7 - 25.

② Biber,Douglas and Susan Conrad. *Register*,*Genre*,*and Style*. Cambridge:Cambridge University Press,2009.

③ Hyland,Ken. *Metadiscourse*,Continuum International Publishing Group,2005.

④ Englebretson,Robert(ed.). *Stancetaking in Discourse*:*Subjectivity*,*Evaluation*,*Interaction*. Amsterdam/Philadelphia:John Benjamins,2007.

⑤ Du Bois,John W. *The stance triangle*. In Robert Englebretson(ed.),*Stancetaking in discourse*:*Subjectivity*,*evaluation*,*interaction*,pp.139 - 182. Amsterdam/Philadelphia:John Benjamins,2007.

1.2.2.2 国内关于评价立场的研究

国内早期语言学家虽然没明确使用"评价立场"这一术语，但从相关研究来看，他们已经关注了汉语的立场表达问题。对于评价语言形式和意义的探索主要散见于句式与句类、虚词等课题的讨论中，涉及情感、语气、情态等语义和表达范畴。马建忠的《马氏文通》论及了"决辞"和"疑辞"①；吕叔湘在《中国文法要略》中的"表达论"，提出"正反·虚实""传信·传疑""行动·感情"三对范畴，其中"行动·感情"一章，对祈使、禁止、商量、感叹、招呼和应对，以及停顿等不同言语行为的表达手段进行了分析，涉及句式、语气词、情态词等的讨论②。这些都传达了态度，表明了立场。

近十几年，随着评价理论、互动语言学理论的引入和应用，学者们开始关注评价立场表达的问题。姚双云介绍《话语中的立场表达：主观性、评价与互动》一书中的主要观点，并就汉语中的立场表达提出一些富有启发性的观点和问题③。梁凤娟对《立场——社会语言学视角》一书进行介绍，该书从社会语言学的角度出发看立场，涉及立场与社会角色、身份、道德、地位等研究④。刘慧归纳了现代汉语的评价系统，她指出，评价是"作为评价主体的说写者对评价客体的主观价值判断，及评价主体所体现出的情

---

① 马建忠：《马氏文通》，商务印书馆，1898年，第129页。
② 吕叔湘：《中国文法要略》（增订本），商务印书馆，2014年，第420-452页。
③ 姚双云：《话语中的立场表达：主观性、评价与互动评介》，《外语教学与研究》，2011年第1期。
④ 梁凤娟：《立场——社会语言学视角评介》，《外国语言文学》，2011年第3期。

感和态度",并将汉语的评价表达分为词汇层、话语标记层和句子层①。罗桂花从语义、功能和互动三个视角全面梳理立场的概念和研究模式②。柳淑芬梳理话语中立场表达的研究现状,并认为当前研究包括语料库语言学、功能语言学以及社会学三大视角③。

方梅从动态视角研究评价表达,她将负面评价表达分为词汇性和构式性两类;而构式性评价表达又可进一步分为词汇构式和语法构式,前者俗语化程度高,可替换性和能产性较低;后者则具有较强的可替换性和能产性④。方梅、乐耀考察了让步类同语式在不同的会话序列结构中如何表达主观评价立场的表达⑤。较为清楚地厘清了在交际互动中,会话行为和表达该会话行为的语言形式之间的相应关系。通过分析让步类同语式在会话中的表达立场评价的各种形式,总结了它在互动中表达评价立场时所遵守的总体原则,揭示了同语结构与会话结构之间的关联,阐明了同语结构在表达立场时所具有的互动属性。方迪基于互动语言学的理念和方法,对汉语口语中用于评价的语言表达形式进行探讨,认为评价从本质上来说是互动性的,其形式的构建和意义的解读是交际双方合作协调的结果,并探讨了语言使用中的交际—社会因素对于评价表达在形式和意义上的塑造⑥。

---

① 刘慧:《现代汉语评价系统研究述略》,《汉语学习》,2011 年第 4 期。
② 罗桂花:《立场概念及其研究模式的发展》,《当代修辞学》,2014 年第 1 期。
③ 柳淑芬:《话语中的立场:研究现状及发展路径》,《当代修辞学》,2017 年第 5 期。
④ 方梅:《负面评价表达的规约化》,《中国语文》,2017 年第 2 期。
⑤ 方梅、乐耀:《规约化与立场表达》,北京大学出版社,2017 年,第 159 - 175 页。
⑥ 方迪:《汉语口语评价表达研究》,社会科学文献出版社,2021 年,第 139 - 165 页。

1.2.2.3　关于汉语语气副词评价立场的研究

国内运用评价立场相关理论研究现代汉语语气副词的主要有以下几位学者。方梅、乐耀从规约化角度对汉语立场表达进行了理论阐释与个案研究,在个案研究中选取了语气副词"倒是"与"还是"分别研究它们的言者态度和言者意图的表达[①];方迪分析了语气副词"合着"的评断用法及其评价意义的浮现[②];田婷分析了自然会话中语气副词"其实"体现的言者知识立场[③];张耕考察了西南官话语气副词"该"立场表达的规约化等等[④]。潘海峰认为现代汉语语气副词是标示言者立场的重要手段,是言者为言谈事件中各种变量提供的索引和标识,比如言者对话语及其参与者的态度、交互双方的不同识解与观点、交际模式的构建等,立场表达契合语气副词的语用本质[⑤]。

从以往学界对语气副词的研究来看,主要集中在对其内部分类及在分类的基础上对某类语气副词进行的研究,如张谊生[⑥]和史金生[⑦]都对现代汉语语气副词做了分类和范围的界定,对语气副词在互动交际中的评价立场表达研究仅限于个案分析。

---

① 方梅、乐耀:《规约化与立场表达》,北京大学出版社,2017年,第97-106页。
② 方迪:《汉语口语评价表达研究》,社会科学文献出版社,2021年,第16-105页。
③ 田婷:《自然会话中"其实"的话语标记功能及言者知识立场》,《汉语学习》,2017年第4期。
④ 张耕:《立场表达的规约化:西南官话的语气副词"该"》,《语言研究》,2020年第2期。
⑤ 潘海峰:《语气副词立场表达研究范式:内在逻辑与体系构建》,《同济大学学报(社会科学版)》,2023年第4期。
⑥ 张谊生:《现代汉语副词的性质、范围与分类》,《语言研究》,2000年第2期。
⑦ 史金生:《语气副词的范围、类别和共现顺序》,《中国语文》,2003年第1期。

1.3　可进一步研究的空间

（一）对语气副词反预期及评价立场表达的专门研究

从以往的研究可以看出,有些语气副词可以表达反预期是学界的共识,有些学者也列出了能够表达的反预期语气副词的类别,并把语气副词作为其中的一个小类进行研究,比如陆方分别从"语气类""疑问类""否定类""转折类"方面进行了研究①,而语气副词只是"语气类"中的一个部分。也有学者选择个案进行分析,如对"倒""偏偏""竟然"的分析。本书研究语气副词的反预期表达,力求能够兼顾系统性和深入性。

（二）基于语用量级的语气副词反预期表达研究

从以往对语气副词反预期的研究来看,研究主要集中在表示意外类的语气副词,比如"居然""偏偏",还有转折类的"倒""反而"等,这些语气副词具有明显的反预期义,但是有些语气副词本身并不表达反预期,如"都""也""还""又"等,它们在高频使用中逐渐规约化具有反预期含义,也值得进一步研究。它们反预期含义往往跟语用量级有关,在信息传递过程中,人们总会有一个参照预期,量的增减是造成它们表达反预期的主要原因。

（三）在言语互动的话语场景中考察语气副词反预期含义

反预期是在言语互动过程中产生的,体现了交互主观性。在言语互动中,预期不断被确认或修正的过程便是话轮转换的过

---

① 陆方喆:《现代汉语反预期标记研究》,中国社会科学出版社,2017 年,第 62 页。

程,发话者首先存在一种预期说明,发话者自身或受话者会根据自己的观察和经验对先前的预期做出回应,如果不一致就会产生反预期。因此,会话中的预期与反预期值得进一步关注。

（四）对反预期评价主体的关注

反预期范畴是建立在人类的反预期范畴之上[①],人们对特定事、物等都有一定的预期,或根据社会常规,或根据个人的认知经验。人们运用反预期表达自己观点、立场和态度。因此,在对反预期对象关注的同时,更重要的是对反预期评价主体"人"的关注。语气副词可以表达人们的立场和态度是学界的共识,可以从反预期入手考察它们的人际功能。

1.4 研究方法及理论基础

1.4.1 研究方法

本书在研究方法上的基本取向是:

（一）描写和解释相结合,以解释为重点。在描写方面,语义功能语法以分类为重点,最大限度地找出规律,概括语法范畴,同时重视类别的有序性,从而为以后更深入的汉语研究作铺垫。在解释方面,既注重语法系统内部的相互验证,也注重从语法外部寻找语义、功能、认知方面的动因,尤其是寻找语法的语义基础。在描写与解释之间,本书与语义功能语法的其他研究一样,更侧重于对语言事实的分析并力图从语义、语用、认知等方面作出合理的解释。

---

① 陆方喆:《现代汉语反预期标记研究》,中国社会科学出版社,2017 年,第 4 页。

（二）共时和历时相结合，以共时分析为主。汉语语气副词多数都是由实词演化而来的，有些发展出了多种功能，而且还在不断虚化，要真正把握其功能，揭示纷繁复杂的用法之间的相互联系，必须考察它们演变的历史。所以在本书的研究中，我们力求把共时分析和历史的考察结合起来，通过历史演变来说明共时的功能差异。

（三）定性分析和定量分析相结合，以定性分析为主。为了能够准确描述相关的概念、意义和功能，本书对语料中的用例作了统计分析在以往研究的基础上采取定量和定性的方法，综合展开研究。

（四）共性和个性相结合。在分类研究中对同一类的先作共性分析，找到共同点，然后重点通过个案分析来印证共性，重在找出差异。

1.4.2　基础理论

（一）量级模型理论

Ducrot 把量级推理（也称"梯级推理"）逻辑引入了语言学的研究，提出了用于阐释说服力的量级模型（Scalar Model）[①]。梯级模型最基本的特征是根据两个命题之间信息的相对力度（relativestrength），从信息度较强的命题衍推信息度较弱的命题。Fillmore 等指出："仅当一个命题 P 蕴涵另一个命题 Q，而 Q 不蕴涵

[①]　Ducrot, Oswald. *La preuve et le dire*. Paris：Maison Mame，1973.

P时,P的信息度高于Q的信息度。"①如"连三岁孩子都知道,更何况你是大学生呢!"一般情况下来说,大学生知道的东西要比三岁孩子多得多,因此如果一个常识三岁孩子都知晓,大学生肯定也知道。前者能推知后者,前者的信息度高于后者。Israel指出许多极性词语都是以极量(宏量或微量)来加强语气。含有极量极性词语的命题的信息蕴涵语用量级中所有其他命题的信息,可用量级推理规则推导出全量肯定或全量否定的量级含义。

Israel后来又发现某些极性词的使用情况常常违背其最初的量级模型,如有些语气增强型极小量词只可用于肯定句,于是他修正了量级模型,提出用"命题图式"中命题角色来区分"正向增强型极性词语(canonicalemphatic polarity items)"和"逆向增强型极性词语(inverted emphatic polarityitems)",认为在命题图式中充当某个命题角色的增强型极性词语要求特定的梯级推理规则与它相匹配。正向增强型极性词语代表的命题角色总是指向命题图式中阻碍事件发生的因素,极性词语代表的量值越大,命题描述的事件发生的可能性越小。这时需要运用正向梯级中的推理规则来推量级含义,即(1)肯定极大量即意味着肯定全量;(2)否定极小量即意味着否定全量。而逆向增强型极性词语总是指向命题图式中促成事件发生的因素,极性词语代表的量值越大,命题描述的事件发生的可能性越大,这时需要运用逆向梯级中的推理规则来推导量级含义,即(1)肯定极小量即意味着肯定全量;

---

① Fillmore,Charles J. Paul Kay and Mary C. O'Connor. Regularity and Idiomaticity in grammatical constructions:The Case of "Let Alone". *Language*,1988.

（2）否定极大量即意味着否定全量①。

文中运用语用量级理论分析了作为量级算子的"都"，以及连字句、"大不了""简直"等的量级用法。

（二）互动语言学的相关理论

互动语言学认为，自然语言最基本的特征是由语言交际所处的互动环境塑造的，是适应于交际环境的产物，或者说语言本身就是交际架构的一部分。语言是社会交际、行为组织的重要资源，对语言的研究必须面向互动交际环境中自然发生的语言，立足言谈参与者的互动过程，基于语言运用的自然环境——互动中的交谈进行实证性研究。主要包括两方面：第一，要从语言的各个方面（韵律、形态、句法、词汇、语义、语用）研究语言结构是如何在互动交际中被塑造的；第二，在社会交际中，言谈参与者的交际意图、会话行为是如何通过语言以及非语言的多模态资源（如眼神、手势、身势等）来实现的。互动语言学关注社会交际、人际互动和认知因素在真实语言中对语言结构以及规则的塑造，关注言谈参与者的交际意图对语言形式的影响，强调言语交际实际是动态的、在线生成的过程，从交际过程中发现语言形式产生的动因（方梅等，2018）。

评价立场的表达有很强的语境依赖性，必须放在会话的语境中去考察它的特殊语用功能，文章中分析了反预期与言者态度、言者立场以及反预期与负面评价的规约化，都使用到了互动语言

① Israel，Michael. Minimizers，Maximizers and the Rhetoric of Scalar Reasoning. *Journal of Semantics*，2001（18）.

学的相关理论。

（三）主观性与交互主观性

"主观性"（subjectivity）是指语言的这样一种特性，即在话语中多多少少总是含有说话人"自我"的表现成分。语言的主观化就是说话人在说出一段话的同时表现出的立场、态度和情感等"自我"印记①。这些印记无所不在，但归纳起来主要表现为以下三个方面：（1）说话人的视角（perspective）；（2）说话人的情感（affect）；（3）说话人的认识（modality or epistemic status）。"说话人的视角"就是说话人对客观情状的观察角度，或是对客观情状加以叙说的出发点。这种视角主观性经常以隐晦的方式在语句中体现出来。说话人的"情感"一词应作宽泛的理解，包括感情、意向、态度等多个方面；"说话人的认识"主要是指说话人对某个客观命题的认识状态②。其实说话人的"视角""情感"和"认识"这三个方面互有交叉和联系，是很难截然分开的。一般来说，语言中的韵律变化、语气词、副词、代词、词缀、词序、时体标记、情态动词、重复等手段都可以用来表达主观性，涉及语音、语法、构词、篇章结构等各个方面。

交互主观性是指说话者或作者对接受者或读者"自我"关注的明确表达，这种表达不仅是认知意义上的，即关注他们对所说内容的预想态度，更是社会意义上的，即关注与他们社会地位或身份有关的"面子"或"形象需求"③。评价是"主观的"，如果一个

---

① Lyons，J. *Semantics II*. Cambridge：Cambridge University Press，1977.
② 沈家煊：《语言的主观性和主观化》，《外语教学与研究》，2001 年第 4 期。
③ Traugott，Elizabeth Closs. *From subjectification to intersubjectification*. In Raymond Hickey（ed.），*Motives for Language Change*. Cambridge：Cambridge University Press，2003，139.

情态评价是在评价者和更多人之间分享的,那该评价就是"交互主观的"。

文中将运用主观性和交互主观性观念解释语气副词反预期评价立场表达的现象。

(四)元语言理论

元语言(meta-language)指用于指称或描述语言的语言①。与元语言密切相关的还有元话语(meta-discourse),它与基本话语(primarydiscourse)相对,是交际话语中的两个基本层次,基本话语表达关于话题的命题信息,元话语告诉读者如何理解、评述关于话题的命题信息②。自从元语理论创立以来,它受到众多学科的青睐,并成为对这些领域影响较为广泛的普遍性理论。

元语言最早由逻辑哲学界提出,其基本思路是:客体层面是关于客观对象的表述,而元层面是关于语言表述的表述。换句话说,表述客观事物或现象的语言是对象语言、基本语言,而对这些表述客观事实的对象语言、基本语言进行称说、加工、调节的语言就是元语言。

语言的主要功能是传递信息,如果一个词语传递的信息是关于语言本身传递信息的情况的,那么这个语词的这一用法就是它的元语用法。一个词语如果以引述的形式出现,它就是"自反"的元语。最简单最典型的元语就是引述语。"引述"是相对"陈述"而言的。沈家煊认为语言在引述过程中通常伴随说话人主

---

① Lyons, J. *Semantics II*. Cambridge: Cambridge University Press, 1977. 10.
② Crismore, A. *Talking with Readers: Metadiscourse as Rhetorical Act*. New York: Peter Lang, 1989.

观态度的表达,因此引述的用意不在传递命题信息,而在于表达态度①。

元语用法与主观性(subjectivity)联系在一起,这时的语言具有较强的主观性。Williams(1981)将元话语定义为"有关话语的话语,跟主题无关",也就是说"关于话语的话语"不一定是元话语,只有那一部分与主题无关的"有关话语的话语"才是元话语。

文中用元语言理论解释语气副词的元语用法,尤其是元语增量的用法。

(五)认知语言学的相关理论

认知识解。根据 Langacker 的研究,识解指人们为了思维和表达的需要采用不同方式感知和描述同一场景的能力,主要包括详略度、辖域、背景、视角和凸显②。简要地说,详略度是指人们认识和描写事体的详细程度和精细级别;辖域指被激活的概念内容的配置;背景指理解一个表达式的意义或结构所需要的另外一个或数个表达式的意义或结构;视角是指人们观察和描述事体所采取的角度;突显具体指同一场景或事体中某一成分得到更多关注而更加突出。

意象(image)和图式(schemas)。意象是人脑中反映客观事物和情景的形象和印记。它是概念和概念结构形成的具体方式,是人理解和把握某一感知事物和情景的能力。意象的形成和视角、

① 沈家煊:《跟副词"还"有关的两个句式》,《中国语文》,2001 年第 6 期。
② Langacker, R. W. (1991) *Foundations of Cognitive Grammar*. Vol. II. Descriptive Application. Stanford: Stanford University Press: 1991, 4.

凸显有关,也和属性选择、详细程度有关。同样的事物和情景,由于观察视角不同、凸显对象不同、属性选择不同、详细程度不同,在人脑中形成的意象也就不同。图式是人脑中反映事物之间基本结构关系的认知结构模式。图式和意象不同,它是一种抽象的认知结构。由于意象和图式具有相同的认知功能,即它们都是人们通过完形感知、动觉经验获得的认识事物和事物之间关系的能力,所以也可以把意象和图式并在一起使用,是为意象图式,不过意象图式更倾向于表达图式的涵义,不倾向于表达意象的涵义。

文中运用认知语言学的相关理论解释"就""大不了"等词的语法化主观化历程,并用意象图式理论分析"还"与"都"的用法差异,"就"的空间位移图式等等。人们用不同的语气副词描述同一事件,反映了人们识解方式的差异,如连字句中的"都"与"还";拂逆句中的"就""偏""硬"等。

1.5 章节安排

本书共分为九章,第一章为绪论,总体介绍研究的目的、意义,已有的研究成果及可进一步研究的空间等。第二章在已有研究成果的基础上再次明确反预期的概念、类型表现手段,以及与相关概念的联系与区别。第三章总结了与反预期有关的现代汉语语气副词,并从总体上分析了它们的句法及语用特征。第四章以语气副词"都"为例考察主观增量与反预期的浮现,并分析了"都"与"还"在相关构式中的对立与中和。第五章以"就"的小量义、排他性为例考察反预期的浮现,并结合拂逆句和回声拷贝格式"X 就 X"作进一步研究。第六章以"大不了"为例考察容让类语气副词的反预期及体现的言者态度。第七章以"其实"及"其实＋语气词"为例考察言实性语气副词及言者立场。第八章以语气副词"简直"与"是"组合的负面评价规约化为例,考察反预期与负面评价的关系。第九章为结语,简要总结了本研究的主要发现及在研究中存在的不足,并对未来进一步研究的空间作了展望。

1.6 语料来源

本书的语料来源主要有:

(一)北京大学汉语语言学研究中心现代汉语语料库(CCL,网络版)

CCL 语料库是在中国教育部"教育振兴专项资助项目"以及北京大学中文系 211 工程子项目"中国语言文学教学和基础理论及应用研究"的资助下建设的,是一个拥有 4.77 亿字,包含现代汉语和古代汉语的动态语料库。

(二)国家语委现代汉语语料库

国家语委现代汉语语料库是一个大规模的平衡语料库,语料选材类别广泛,时间跨度大。在线提供检索的语料经过分词和词性标注,可以进行按词检索和分词类的检索。该语料库于 1991 年 12 月由国家语言文字工作委员会提出立项,1998 年底建成,被列为国家语委"九五""十五"科研重大项目。全库约为 1 亿字符,标注语料库为国家语委现代汉语通用平衡语料库全库的子集,约 5000 万字符。

（三）中国传媒大学媒体语言语料库（MLC）

文本语料库是一个开放、免费使用的语料库。语料库包括 2008 年至 2013 年六年的 34039 个广播、电视节目的转写文本，总字符数为 241316530 个，总汉字数为 200071896 个。

（四）有关的词典和相关语法著述中的经典用例

（五）网络语料，主要涉及百度网、新浪网、中国青年报网络检索等

（六）《我爱我家》《金婚》等电视剧剧本

（七）录音转写语料

（八）根据行文需要存在部分自拟用例

本书的语料覆盖面较广，对所选用例都进行了核实，少数例句根据行文需要进行了适当合理的删减。除自拟语料外，其他语料均标明原文出处。由于例句较多，故采取各章独立排序的方式。

第二章 语言信息传递中的
反预期与评价立场

2.1 言语交际中的信息传递

言语交际的过程就是语言信息传递的过程,语言信息传递是以交际目的和交际意图为驱动借助语言符号进行能量传输的过程,在此过程中,语言符号的形式与意义在组装编码后与语境进行互动,最终实现交际意图。人类的语言交际尤其是口语交际并不是一个单向过程,语言的交际特殊性在于,语言中的信息传递是一个话轮叠加往复的过程,言者和听者通过话轮的转换最终达到交际目的,实现交际意图。语言与信息传递的关系以及其核心作用,也得到众多学者的关注,比如 Sperber & Wilson 认为只有拥有了语言,人或者其他生物或机器才能进行信息加工和信息传递①。Givón 认为人类语言的两个主要功能是信息的表征和交际,他把这两个功能看为语言的适应性功能,其他的社会、情感、

_____

① Sperber, D. & Wilson, D. *Relevance*:*Communication and Cognition*. Oxford:Blackwell, 1986.

美学或者精神等功能则是在基本功能基础上获得的,是语言结构在特定语境中的随机使用或重新适应①。

在格赖斯的会话含义理论和会话合作原则中,已经关注到了言语交际的双方,信息交换和传递,在会话合作中,他提出的信息关联、信息适量、信息真实等准则也表现出明确的信息取向。会话含义也即说话人话语意思的暗含(implying)及听话人对其所暗含(what is implied)意义的理解。会话含义表达的是那些超出字面意义的话语意义,分为一般性会话含义和特殊性会话含义。一般性会话含义指遵守合作原则,不需要依赖特定语境就能获取的会话含义,特殊性会话含义违反合作原则,需要依赖特定语境才能推导出来。理解了会话含义中说的意义与隐含意义之间的关系就不难找出话语之间的联系,表面上违反合作原则并不意味着含义层面上的违反,正是因为人们在交流中存在着种种默契,交流双方才能根据语句本身、语境、共享知识、常识、说话人的意图以及信念等各种因素理解超出字面意义的会话含义,使交流顺利进行②。

在格赖斯的会话含义理论的基础上形成新格莱斯会话含义理论,比较有代表性的学者有 Leech、Horn、Levinson、Sperber & Wilson。Leech 用“礼貌原则”来补充言语交际中言谈双方所应当共同遵循的准则③。Sperber & Wilson 在格赖斯会话含义理论的基础上重新对语言交际的信息传递过程进行了考量,认为言语交

---

① Givón, T. *Bio-linguistics. The Santa-Barbara Lecture*. Amsterdam: John Benjamins, 2002.

② Grice, H. P. *Studies in the Way of Words*. Cambridge: Harvard University Press, 1989.

③ Leech, Geoffrey N. *Principles of Pragmatics*. London: Longman Group Limited, 1983.

际的过程存在两种模式，一种是语码模式（Code Model），一种是推理模式（Inferential Model）①。在交际过程中，认知—推理过程是最基本的，提出了明示—推理交际的概念，明示和推理是交际过程的两个方面，分别对应言者和听者，对于言者来讲，交际是明示过程，明示是通过某种使说话人"显明（manifest）"的方式进行编码，把信息意图明白地展现出来。而从听者角度来讲，交际是一个推理过程，推理就是根据说话人的明示行为（比如话语），结合语境假设，求得最佳语境效果，获知言者的交际意图。Levinson提出了会话含义的三原则即"数量原则、信息原则、方式原则"来修正格赖斯会话含义理论②。

从古典格赖斯会话含义理论到新格赖斯会话含义理论，可以看出信息的传递被作为语用目的所认同，言语交际关注语言的实际使用，把信息传递过程的语用和意图作为研究言语交际行为的出发点，以此来看语言使用者之间、语言符号和语言使用者之间以及上述二者和语境之间的关系。实际上，语言信息传递的过程即言者和听者之间的言语互动过程，语言交际上的互动只是途径和过程，言语交际的最终目的是传递信息。

2.2　语言传递中的信息结构

2.2.1　已知信息与未知信息

Halliday提出了信息结构（information units）的概念，把信息

---

① Sperber, D. & Wilson, D. *Relevance*: *Communication and Cognition*. Oxford: Blackwell, 1986.

② Levinson S. C. Pragmatic Reduction of the Binding Conditions Revisited. *Journal of Linguistics*, 1991, 27(1).

结构分为已知信息和新信息,已知信息是说话人认为"能从前文或语境中还原的信息";新信息是说话人认为"无法从前文或语境中还原的信息"①。Chafe 从说话者和受话者的关系出发,对已知信息和新信息作了定义,他认为已知信息是说话人的期望,为听话者所知,而且已知状态应限于"人们在说话时已存在于受话者意识中的信息",但是在长时间的交谈中,已经被提及的内容过一段时间后仍被当作"新信息"被重新强调或提及,所以在交际过程是新信息和已知信息相互作用的过程,他考虑到语言交际者的认知特点和意识因素,提出信息结构的三分法即已知信息、可知信息和新信息,认为新信息是某一交际时间点上才被激活的信息;已知信息是在该交际时间点上已被激活的信息;可知信息是在该交际时间点之前处在半活跃状态下激活的信息②。

汉语学界对语言信息结构的研究主要有,范开泰、张亚军从信息来源的角度分为已知信息和新信息,已知信息是由环境或前面的话语所提供的,是交际双方所共有的知识,新信息是指不能从环境或话语预测的信息③。陆俭明明确提出"语言信息结构"是指用语言作为载体而形成的信息结构,语言是一个音义结合的符号系统,而语言的基本功能是传递信息,因此也可以认为语言也是一个信息"编码—解码"的系统,并提出汉语信息结构所遵循的准则:作为一个信息结构,必定含已知信息与未知信息;二者一般形成"话题—陈述(评论)"信息结构;已知信息成分可以省去,

---

①　Halliday, M. A. K. *Spoken and written Language*. Victoria: Deakin University, 1985.

②　Chafe, W. L. *Givenness, Contractiveness, Definiteness, Subjects, Topics, and Point of View*, In *Subject and Topic*, Charles N. Li(ed.). New York: Academic Press, 1976.

③　范开泰、张亚军:《现代汉语语法分析》,华东师范大学出版社,2000 年,第 207 页。

但未知信息成分不能省去；未知信息单元一般位于已知信息单元之后成为信息结构的常规焦点，如果位于已知信息单元之前，必须有标记；核心动词后如果出现多个信息单元，信息未知程度高的居信息未知程度低的之后；核心动词前如果出现多个信息单元，作话题的信息单元之外，其余信息单元，已知信息量大的居于已知信息量小的之前；背景信息居于前景信息之前说话者所传递的新信息一定要大于听话者对该新信息所拥有的信息量[①]。此外，张伯江、方梅运用系统功能语言学的相关信息结构理论对北京口语中的主位结构、焦点结构、北京话中的语法化现象进行了分析[②]。

2.2.2　焦点与预设

焦点是说话者用超音段的、局部性的韵律语法手段，对话语中某些片段进行凸显操作，分为不可简省的凸显和刻意重音的凸显；在说话者的焦点选择中，既需要照顾话语整体及其部件凸显自身重要性的要求，又需要根据自己的交际目的来处理这些要求；焦点的选择，最终决定了话语的建构[③]。焦点一般又可以分为自然焦点和对比焦点。方梅认为遵循焦点与预设的对应，认为如果句子的预设是"有"，整个句子要说明这个，这时焦点成分是呈现性的，属于常规焦点，如果说话人预设听话人认为某事是 B，而实际应该是 A，说话人说出这个句子的目的是指"是 A 而非

---

①　陆俭明：《从语言信息结构视角重新认识"把"字句》，《语言教学与研究》，2016 年第 1 期。

②　张伯江、方梅：《汉语功能语法研究》，江西教育出版社，1996 年，第 35 - 250 页。

③　祁峰：《现代汉语焦点研究》，世界图书出版社，2014 年，第 23 页。

B",这时句子的焦点成分是对比性的,属于对比焦点①。刘丹青、徐烈炯认为,以小句内部其他成分为背景时,焦点的性质可以描述为"突出",以小句外的内容为背景时,焦点的性质可以描写为"对比",突出和对比是焦点的两个话语功能,但是并不是所有焦点都同时具有这两种功能,根据背景和焦点的位置关系,以"突出"和"对比"两对功能特征为参项,把焦点分为三类:自然焦点;对比焦点;话题焦点,话题焦点是以句外的某个话语成分或认知成分为背景,在本句中得到突出,而不能以本句中其他成分为背景②。

预设(Presupposition)又称为前提、先设和前设,是语义学和语用学研究的重要范畴之一。20 世纪 60 年代预设进入语言学的研究范畴,并成为逻辑语义学的一个重要概念。预设可分语义预设和语用预设两个概念。语义预设是关于句子结构与世界的关系,是从命题或语句是否具有真假值的角度来定义和考察预设的。语用预设,是指那些对语境敏感的、与说话人(有时包括说话对象)的信念、态度、意图有关的前提关系③。

焦点和预设联系紧密,Chomsky(1971:205)指出句子的语义表达可以分为预设和焦点两个部分④。焦点是包含语调中心的短语,预设则是用变量替换焦点之后的表达。也就是说,预设是用焦点的上位概念替代焦点以后得出的一个命题。如"小王去过美国"这句话当中的"美国"是焦点,"小王去过某个地方"就是他

---

① 方梅:《汉语对比焦点的句法表现手段》,《中国语文》,1995 年第 4 期。
② 刘丹青、徐烈炯:《话题的结构与功能》,上海教育出版社,1998 年,第 224 页。
③ 何自然、冉永平:《新编语用学概论》,北京大学出版社,1998 年,第 68 页。
④ Chomsky, Noam. *Deepstructure*, *surfacestructure*, *and semanticinterpretation*. In Semantics, ed. by Danny Steinberg and Leon Jacobovits. London: Cambridge University Press, 1971.

的预设。

2.3　信息传递中的反预期信息

从信息论的角度来说,语言是信息传递最重要的载体之一,言谈事件的听说双方是信息的发出者和接收者。人们通过语言传递的信息进行交际。在话语交际中,词语在句子中,或句子在语篇中的信息重要性并不完全一致。预期与反预期集中反映了言语行为中的人际关系,属于话语—语境方面的概念,与语言的主观性密切相关①。

2.3.1　反预期的概念

《现代汉语词典》第 7 版中把"预期"解释为"预先期待"②,那么反预期信息就是与预先期待的信息相反的信息。Heine 认为在言谈事件中当说话人针对语境中谈及的某一事物或事态提出一种与他自己或受话人的预期相反或相背离的断言、信念或观点时,那么该说话人就表达了一种反预期信息,并认为从言谈事件参与者的预期角度而言,话语信息可以分为预期信息、反预期信息与中性信息三种,在话语交际中,交际主体对出现的信息内容没有预期就是中性信息,与预期相符的信息就是预期信息,与预期相反的信息就是反预期信息③,例如:

---

① 张健军:《现代汉语转折范畴的认知语用研究》,东北师范大学大学博士学位论文,2012 年。

② 中国社会科学院语言研究所编:《现代汉语词典》,商务印书馆,2016 年,第 1604 页。

③ Heine B., *Grammaticalization: A Conceptual Framework*, Chicago and London University of Chicago Press, 1991, pp.191-193.

（1）老王昨天去北京了。

　　a. 我就知道，他是要去一趟的。

　　b. 他怎么又去了。

　　c. 嗯，去北京应该是有其他重要的事情要办吧。

针对"老王去北京"这一事件，可以有 a、b 与 c 不同的态度反馈，a 表明对老王的去向是有预期的，预期他会去北京的，结果老王去了北京，属于预期信息；b 表明预期老王不会去北京，然而提供的信息确实老王去了北京，属于反预期信息；c 表明对老王的去向并未作主动判断，提供的是中性信息。

Dahl 认为话语中中性信息是一个基本的类，反预期信息和预期信息则是中性信息朝不同方向的延伸，这三类信息的信息量大小也是不同的，分别用"高信息值、中信息值、低信息值"来概括反预期信息、中性信息、预期信息信息量的大小，他认为反预期信息的信息量是最大的，三类信息信息量的大小如图 2-1[①]：

| 高信息值：信息跟预期相反 |
| 中信息值：信息相对于预期而中性 |
| 低信息值：信息为预期所预测 |

图 2-1　信息传递中三类信息量的大小

吴福祥将 Dahl 的信息价值理论与汉语语言事实相结合，认为从言谈事件参与者的预期这个角度说，这三类信息在表达形式上也有不同，反预期信息量最大，通常运用的语言形式也相对要

---

① Dahl. *Grammaticalization and life cycles of construction*，Stockholm University Press，2000，p.121.

多，比如重读等，预期信息的信息量最低，表达它的语言形式通常
也最少，话语中很多语音弱化的词项表达的总是预期信息，中性
信息的所用的语言形式介于两者之间①。

　　齐沪扬、胡建锋指出反预期信息应具有两个特点：第一，它有
一个参照的预期量，反预期是相对于参照信息量来说的，这个参
照信息量可以是社会一般的预期量，也可以是说话人或听话人的
预期量；第二，它与预期信息的方向是相反的。他们还提出了超
预期量与负预期量，认为实际量超过预期信息量的叫作超预期信
息量，低于预期信息量的叫负预期信息量，并指出超预期与负预
期都有一个参照的基准量，这个参照基准量就是比较的对象，如
图 2-2②：

图 2-2　超预期、负预期与参照预期的关系

2.3.2　反预期的表现手段

　　前文介绍了各家对反预期的来源及类型的研究，反预期的主
要来源有社会常规或标准，听说双方共有的知识，特定的语境等，
目前学界比较认同的三种类型，即与受话人的预期相反、与说话
者自己的预期相反、与特定言语社会共享的预期相反。例（2）中

①　吴福祥：《说"X 不必 Y·Z"的语用功能》，《中国语文》，2004 年第 3 期。
②　齐沪扬、胡建锋：《试论负预期量信息标记格式"X 是 X"》，《世界汉语教学》，2006 年第
　　2 期。

"你还以为扮酷耍帅才是主流吗?"是反问句,说明说话人的观点与受话人的预期相反;例(3)中"我真没想到"说明与说话人的预期相反;例(4)中"春节未归与家里团聚"是不符合社会常理的。

(2) 你<u>还以为</u>扮酷耍帅才是主流吗? 错了! 集体装嫩,"卖萌"减压才是职场人的新流行呢。(林朵拉《看台》)

(3) 我的眼前顿时一亮,<u>真没想到</u>这个来自大山沟里,土得掉渣的村干部竟有如此高雅、执着的享受和嗜好。(中央宣传部征文《深山好书人》2018-11-12)

(4) 他几乎日夜坚守香港调度指挥,<u>连</u>春节也未归与家人团聚。(陈廷一《蒋氏家族全传》)

是哪种偏离类型必须根据语境来判断,如例(4)违反的就是社会共享预期,其实在不同的语境中,"连"字句还可以表达违反受话人的预期、说话人预期,甚至可以违反除了听话人和受话人以外的第三方的预期,例如:

(5) 连他都做不了,找我有什么用!(百度贴吧 2012-3-14)

(6) 你连他都不认识? 咱们这儿一多半的客户,都是冲着他来的。(米芜《职场尴尬:电梯里的上下级》)

(7) 这一去,连他自己都没有想到,会在这条路上走得那么远……工地上,一开始干的是挖土方的活。(游磊《善德薪火路》)

在现代汉语中表达反预期的主要手段主要是靠反预期标记来实现的,比如:语气副词、连词、叹词、话语标记、特殊句式等,例如:

(8) 去无尽地感慨生命的艰辛,也不应该自艾自怜命运怎么不济,<u>偏偏</u>给了我这样一块不毛之地。(张洁《我的四季》)

（9）在大楼里写论文固然重要，<u>但是</u>科学家不能专靠学生出海取样。（《新华每日电讯》2019-3-19）

（10）<u>咦</u>，我们自己不就是农业大国吗？怎么<u>反而</u>要从工业大国进口农产品？（《中国青年报》2019-3-8）

（11）来是给全县乡镇作指导用的，<u>没料到</u>，时任湖北省委书记俞正声、省委副书记邓道坤两位领导作了重要批示肯定，这让"我和我的伙伴都惊呆了"。（《中国青年报》2018-12-20）

（12）周恩来同志坦率地说，六七亿人口的中国就一个总理，<u>再</u>穷<u>也</u>不缺那几身新衣服，但问题不是缺不缺衣服，我这样做不光是一个人的事，而且是提倡节俭、不要追求享受，提倡大家保持艰苦奋斗的共产党人本色。（《中国青年报》2018-3-2）

陆方喆、曾君给出了汉语常见反预期标记的形式，如表 2-1[①]：

表 2-1 汉语常见反预期标记的形式：

副词	并、还、也、反而、甚至、倒、反倒、竟然、居然、偏、偏偏、其实、却
连词	但是、可是、然而、而、不过、不料、不想、谁知、哪料、哪想、岂料、岂知、别说
叹词	哇、咦、哎哟
助词	啊
短语	没想到、没料到、事实上、实际上
句式	宁可……也、再 X 也 Y、连……也/都

此外，除了常用的反预期标记外，语调和一些非语言手段也可以表达反预期。

---

① 陆方喆、曾君：《反预期标记的形式与功能》，《语言科学》，2019 年第 1 期。

语调是说话人表达主观情感与态度的重要手段,如句调、停顿、重音、节奏的快慢等都可以表达反预期,如:

(13) A:你觉得这件衣服漂亮吗?

　　B:你说呢? ↗

目前没有发现关于反预期的非语言手段的研究,但是像身姿(posture)、手势(gesture)、面部表情(facial expression)、头部动作(head movement)等在言语交际中可以传递与听话人不同的观点,如耸肩、摆手、苦笑、摇头,是否定表现,否定往往违反了听话人的预期。

2.4　会话中的反预期

"预期"是说话者作出的假设或臆断,它具有主观性和可协商性,是可以不断被自己或他人确认或修正的。观察和经验在修正他人或自己的预期中起到重要的作用,而所有的预期都担当了后期言行"参照框架"的角色。在言语互动中,预期不断被确认或修正的过程便是话轮转换的过程,即发话者首先存在一种预期说明,发话者自身或受话者会根据自己的观察和经验对先前的预期作出回应(response),如果一个话段所陈述的情形跟该参照预期相不一致,偏离了某一参照预期,那么它表达的就是一个反预期信息①,例如:

(14)窦文涛:晓军,永远有你的用武之地,因为世界上什么时候都在打。

---

① 郑娟曼:《所言预期与所含预期——"我说呢、我说嘛、我说吧"的用法分析》,《中国语文》,2018 年 5 月。

宋晓军：对。

窦文涛：<u>真是</u>，而且打的跟我们有关了。

宋晓军：对。（电视栏目《锵锵三人行》）

（15）改改：这么大人了，还跟小孩抢东西，自己喜欢孩子，干吗不自己生一个？

　　文丽：你说你，<u>真是</u>，哪壶不开提哪壶。（电视电影《金婚》）

在例（14）中"真是"是对听话人观点的确认并认同，因为听话人的观点符合说话人的预期，具有保持话轮的作用。例（15）中的"真是"是对听话人观点的修正，之所以会修正，是因为说话人认为"不该这么说"。

言语交际是一个明示——推理的过程，在会话中，说话人一方面要根据自己的经验或社会常识去推导或推测听话人的言语意图，另一方面又要传达自己的交际意图，这就需要根据语境准确地把握对方的"预期"才能保证会话的顺利进行。此外，说话人为了能使自己的意图更加明显，会使用一些标记词对听话人的话语理解作适当的引导和制约，以减少听话人的认知努力，提高关联性，例如：

（16）郭：小滔一直也在，只是小南在的时候显不出小滔。

　　马：哦……<u>我说呢</u>，那时候老提起来小南，现在怎么突然又来个小滔。（录音语料整理，学生宿舍三名学生的自由对话）

（17）小凡：第三者插足问题，唉，我的指导老师姓孟，长的特别帅，真是我的运气。

　　志新：你说你，大姑娘家家年轻轻的，正经连个第二者还没捞上呢还第三者……（起）什么学校……（下）（电视电影《我爱我家》）

例（16）话语标记"我说呢"说明听话人所说的观点符合说话

人的预期,说话人用"我说呢"是对听话人观点的认同,例(17)中话语标记"你说你"是对听话人观点的反对,当听话人听到"你说你"时,就应该明白说话人接下来的话语内容是对自己观点的不认同或者是埋怨。因此,在会话语境中,反预期标记和其他标记词一样在表达言者意图的同时提高话语之间的关联性。

2.5　与反预期有关的几组概念

2.5.1　反预期与预设否定

张谊生指出在现代汉语中,对一个陈述的否定,实际上包括两种情况,一种是命题否定,另一种是预设否定。预设否定的否定对象不是命题本身,而是说话人和听话人共知的相关情况①,例如:

(18)张三学了几年钢琴,但至今仍然一窍不通。(引自张谊生 2014 用例)

(19)李四练了两年气功,可是一点效果也没有。(同上)

从张谊生对预设否定的概念及例句中可以看出,预设否定往往偏离了说话人的预期,通过各种努力而没有达到预期的效果,也就是本书所说的反预期。在动态的交际语境中反预期的表达也可以理解为一种预设否定,因为从认知上来讲,预设是语言使用者对某一或某些领域里经验的统一和理想化的理解,是由预设触发语的 ICM 激起的概念和知识所构成的一种认知环境,在交际中表现为交际双方互明的共同认知环境②,而人们的预期同样是根据"理想化认知模型"建立起来的。

---

① 张谊生:《现代汉语副词研究》,商务印书馆,2014 年,第 239 页。
② 王文博:《预设的认知研究》,《外国教学与研究》,2003 年第 1 期。

沈家煊指出语用否定还能否定句子的"预设",与其将预设看作句子的真值条件,不如看作一个句子的适宜条件;预设的成立与否取决于语境或背景知识,并把"预设"看作是句子隐含义的一种,而不是句子的真值条件,因此预设的否定属于语用否定①。其实,沈家煊所说的语用否定是元语否定,元语否定多数发生在交际双方互动的语境中。交际双方在认知模式上存在差异时,对说话人来说适宜的话语可能对听话人来说是不适宜的,也可能说话人在话语中运用某种表达方式传递某种隐含义,听话人认为隐含义不适宜从而给予否定(王志英,2012),例如:

(20) A:昨晚和你在一起的那个女人是谁啊?

B:她不是什么女人,她是我妻子。(沈家煊1999用例)

(21) 对他来说,这不是一条狗,而是他身边的一个亲人。(张贤亮《刑老汉和狗的故事》)

在信息传递过程中,说话人根据自己的认知经验去判断所传递的信息是否适宜,如果不适宜就是采用元语否定的表达方式。"不适宜"一定程度上也就是"预期的偏离",因此,元语否定也体现了反预期的会话含义。

2.5.2 反预期与意外范畴

"意外"(mirativity)是一个跨语言存在的独立的语法范畴,它标记的是令说话人吃惊的信息,是标记信息来源的示证范畴②。

---

① 沈家煊:《"语用否定"观察》,《中国语文》,1993年第5期。
② 强星娜:《意外范畴研究述评》,《语言教学与研究》,2017年第6期。

Aikhenvald 将意外范畴的语义类型细分为五类：突然发现或突然意识到、惊异、不备的大脑知识、反预期、新信息[1]。其中就包括反预期，也就是说意外范畴不都是表达的反预期，关键要看意外的发生是否存在一个先前预期，如例（22）属于反预期的意外范畴，例（23）意外范畴的表达就与预期无关，因此，不是所有的反预期都表示意外，意外可以是反预期的，也可以是非预期的。

（22）这种连 3 岁小孩也骗不了的瞎话，她竟然还好意思说得出口，真是不要脸。我呸！（当代史传《中国北漂艺人生存实录》）

（23）My God! I slept!（胡承佼 2018 用例）

2.5.3　反预期与反事实

反事实，顾名思义就是与事实相反，它是建立在事实的基础上了，而反预期是建立在预期的基础上，反事实强调的是与客观事实不符，反预期强调的是与主观预期不符。袁毓林（2015）指出汉语中一些反事实的专门标记，如假设连词"如果""要是"；否定性连词"要不""不然""要不然"[2]。它们都是建立在事实的基础上的，如例（24）表达的是反事实信息，例（25）表达的是反预期信息。

（24）"啊，爹！我原以为你在家养伤，可你……"春玲见明轩、明生放学回来了，没再说下去。（冯德英《迎春花》）

（25）"还以为你早把它丢弃，不料你一直珍藏。"说罢，小姐

---

① Aikhenvald, A. Y. *The essence of mirativity*. Linguistic Typology 16(3), 2012.

② 袁毓林：《汉语反事实表达及其思维特点》，《中国社会科学》，2015 年第 4 期。

泪如雨下。（余华《古典爱情》）

2.6　反预期与评价立场表达

　　评价是互动交际中的一种话语行为,是说话人对某一被评价物表达自己的观点或看法。评价可以分为正面评价和负面评价。说话人可以直接选用有属性意义的词汇来对某个实体或事件进行评价表达,可以是正面评价的词语如"好、美、有意思"等,也可以是负面评价的词汇如"坏、丑、无聊"等。反预期信息是与预期信息相反或者相背离的信息,与预期相背离可以产生正面评价也可以产生负面评价,例如:

　　（26）很红火,我觉得这个装修简直出乎我意料,别具一格。（央广网 2019-2-28）

　　（27）志国:（小声）开始是想冒充少数民族,后来又想用假离婚的方法。

　　　　老傅:这简直是骇人听闻嘛!（电影电视《我爱我家》）

　　例(26)和例(27)的"简直"句都体现了说话人出乎意料的反预期话语功能,只不过一个是正面评价一个是负面评价。尹洪波曾指出预期的偏离意味着对原有预期的部分否定或者完全否定①。否定相对于肯定而言更容易与负面评价相关联,例如:

　　（28）以前检车时经常为旅客塞到列车部件缝隙的烟头而伤脑筋,在一次车厢门故障的维修中发现,门缝里居然有 30 多个烟头。（《人民日报》2019-2-28）

---

① 　尹洪波:《否定与转折》,《语言研究集刊》,2014 年第 1 期。

（29）放着好好的副教授不当，偏偏要去干快递，这是"傻子"吧。（《中国青年报》2019-3-1）

从另一个角度来讲，经常情况下与语气副词有关的正面评价并不一定产生反预期，是中性信息，与预期没有关系，而负面评价往往是对预期的背离，例如现代汉语常用语气副词"真的""真"表达是对事实真实性的态度，本身传达的是中性信息，例如：

（30）我真的很难过，真的是，我不想一个一个送你们走，真的是，我室友走的时候我都没去送，我不愿意去送她们。（中青在线 2018-6-19）

（31）再一个我们的工资，连年递增。我越干越起劲，真是的，有的说到岁数该退休了，我都有点舍不得。（电视栏目《7 日 7 频道》）

当它们与"是"高频组合使用，并且规约化为表负面评价的话语标记，传达的就是反预期的话语意义，例如：

（32）你太过分了，怎么能这样说话呢？说的就是你，真的是！（新浪微博 2018-12-1）

（33）中年男人：（敬烟）这位大哥，您这么说就不对了，我在合资企业工作，我们那厂子是专门生产啊……我说出来怕您见笑，妇女卫生用品……兴许呀，（向两个女肇事者）这两位同志用的也是我们厂的产品。（两人不忿）

女学生：真是的，管人用什么呢，噢昨天叫你一声哥，你就想入非非啦……

（电视电影《我爱我家》）

　　例句(32)中"真的是"的后续谓语成分以及例(33)中"真是
的"前面的主语成分已经无法通过对句子的理解加以补充出来,
很难从它们的本身的意义解读,它们表达的是一种情感和情理上
的否定,在语境中往往表现为斥责、责怪、埋怨等话语意义,之所
以会产生这些话语意义,是因为听话者言行不符合说话者的预
期,有必要通过强调,让听话者意识到自己错误,从而达到"以言
行事"的目的。例(32)(33)都是因为听话者说了不符合听话者
希望听到的话,用"真的是"和"真是的"来表达自己的不满情绪。
"真(的)是","真"原本是与"假"相对的形容词到表示主观评价
的传信性语气副词,是语义主观化的过程。"是"为判断动词,"真
是"是对事物的属性或性质的"真实性判断","真是"用在感叹句
中,说话者意在强调事物的属性"真实性程度高",如"真是太漂亮
了!"。值得注意的是,一些语气副词如上文中提到的"真""真
的"作为语气副词具有主观评价功能,所传递的是正面还是负面
评价,不是取决于语气副词本身而是取决于它们所修饰的成分,
比如"真漂亮""真烦人"中的"漂亮""烦人",但当与"是"高频使
用逐渐规约成一个话语标记时,只能表示负面评价。

　　人际交往是一个以交际目的和交际意图为驱动通过语言完
成信息传递和交流的过程,伴随着互动双方的态度、认识、情感
等,最终完成一定的社会互动,评价立场的表达就是一种交际互
动的过程。言者的主观立场,是说话者对信息的态度、感觉、判断
或主观承诺的显性表达[①]。"立场"是说话人表达什么态度、传递

[①] 　Du Bois, John W. *The stance triangle*. In Robert Englebretson(ed.)，*Stancetaking in discourse*：*Subjectivity*，*evaluation*，*interaction*，pp.139 - 182. Amsterdam/Philadelphia：John Benjamin, 2007.

何种意图的依据,因此,"态度""意图""立场"存在内在联系,只是在信息传递过程中所体现的倾向性不同而已。本书基于语气副词反预期的表达,以个案为例考察了它们所体现的言者态度、言者立场及负面评价的相关问题。

2.7　本章小结

反预期是语言信息传递中的一种体现方式,言谈事件中当说话人针对语境中谈及的某一事物或事态提出一种与他自己或受话人的预期相反或相背离的断言、信念或观点时,那么该说话人就表达了一种反预期信息。本章在已有研究的基础上进一步明确反预期的概念、类型以及表现方式,重点分析了其在会话语境的功能,并与"预设否定""意外范畴""反事实"等相关的概念作了对比性探讨。主要观点:(1)从广义上讲,凡是表示与预期偏离的信息都可以看作反预期。(2)反预期的表达的类型必须结合语境才能看出,如连字句既可以是反受话人预期,反听话人预期、反社会共享预期,也可以是反除受话人和听话人第三方的预期。(3)现代汉语中反预期的表达方式除了常用的反预期标记外,语调和非语言手段也可以表达反预期。(4)对反预期的研究应该放到会话语境中去探讨,在会话中的预期担当了后期言行"参照框架"的角色,在言语互动中,预期不断被确认或修正的过程便是话轮转换的过程。(5)交际语境中反预期的表达也可以理解为一种预设否定;不是所有的反预期都表示意外,意外可以是反预期的,也可以是非预期的;反事实强调的是与客观事实不符,反预期强调的是与主观预期不符。(6)反预期表达是正面评价还是负面评价需要结合具体语境来判断，而负面评价往往是反预期引起的。言语互动中的反预期体现了言者的主观评价，涉及言者态度、言者意图及言者立场等。

第三章　语气副词反预期
表达的类别与特征

3.1　引言

语气副词可表达情绪,既然是表达情绪必然包含说话者的主观态度,因此,语气副词也被称为情态副词或评注性副词。张谊生认为这类词的基本功能是对相关命题或述题进行的主观性评注,体现了人际功能①。本书采用语气副词的说法,不严格区分它与情态副词和评注性副词的定义,关注的是对这类副词问题和现象的研究。就语气副词的成员及分类来说,各家看法不一。

王力把语气副词分为八类:诧异语气"只、竟";不满语气"偏";轻说语气"倒、却、可、敢";顿挫语气"也、还、到底";重说语气"又、并、简直、就";辩驳语气"才";慷慨语气"索性";反诘语气"岂、难道"共 18 个语气副词②。史金生从情态表达的角度把语

---

① 张谊生:《现代汉语副词研究》,商务印书馆,2014 年,第 21 页。
② 王力:《中国现代语法》,商务印书馆,1985 年,第 169 页。

气副词分为知识类与义务类,归纳了 175 个语气副词①,又在《现代汉语副词连用顺序和同现研究》一书中,把语气副词数量增加到 201 个②。齐春红从主观量的角度把语气副词分为主观惑量类、主观估量类、相对主观大量与主观大量四类共 166 个③。张谊生认为评注性副词,也就是本书所说的语气副词,可表传信与情态,并归纳了 161 个语气副词④。

　　副词的内部需要分类,可是不容易分得干净利索,因为副词本身就是个大杂烩,作为副词重要的一个次类语气副词更是如此,包括哪些是语气副词哪些不是语气副词也存在很大的争议。本书主要参照史金生和张谊生对语气副词范围和类别的界定来考察与反预期有关的语气副词及它们的评价立场表达。

3.2　范围与类别

　　张谊生从情态上把语气副词分为十个小类,情态是句中命题之外的成分,是说话人主观态度的语法化,也是说话人对句子情景和命题的观点和态度,分类如表 3-1⑤:

表 3-1　张谊生关于语气副词的情态分类

强调	切、的、是、就、正、才、简直、硬是、绝对、恰巧、分明、恰恰、明明、确、诚、真、的确、委实、诚然、决、绝、万、并、万万、千万、根本、压根儿

① 史金生:《语气副词的范围、类别和共现顺序》,《中国语文》,2003 年第 1 期。
② 史金生:《现代汉语副词连用顺序和同现研究》,商务印书馆,2011 年,第 226 - 227 页。
③ 齐春红:《现代汉语语气副词研究》,华中师范大学博士学位论文,2006 年。
④ 张谊生:《现代汉语副词研究》,商务印书馆,2014 年,第 21 页。
⑤ 张谊生:《现代汉语副词研究》,商务印书馆,2014 年,第 59 - 71 页。

婉转	或、许、也、约、未免、未尝、无非、不妨、莫非、约莫、想必、恐、怕、恐怕、也许、或许、兴许、大概、大约
深究	竟、可、倒、还、岂、难道、究竟、到底、莫非、倒是
比附	恍、若、像、似乎、好像、仿佛、依稀
意外	竟、偏、竟然、竟至、居然、偏偏、偏生
侥幸	亏、幸亏、幸而、幸好、幸喜、得亏、亏得、好在
逆转	倒、反、反倒、倒反、反而、倒是、其实、当然、自然
契合	正、恰、刚、恰好、恰巧、刚好、刚巧、正巧、碰巧
意愿	宁、非、偏、宁可、宁肯、宁愿、偏偏、死活、非得
将就	就、只好、只得、只是、只有、不得不

　　人类语言都有区别符合常规与偏离常规情状的表达手段,偏离常规的就是反预期。吴福祥总结出了反预期标记的两种属性:一是反预期标记的使用隐含了被断言的情形与特定语境里被预设、预期的情形或者被认为是常规(norms)的情形之间的一种对比;二是前者与后者相背离,反预期标记的主要功能是将这个断言与所预期或预期的世界及常规联系起来①。本书也采用这种广义的理解,把不符合预期的信息都看为反预期信息。从表 3-1:表意外、逆转和意愿的语气副词可以视为反预期标记。

　　(一)意外类语气副词。意外是一种主观意愿同客观事实相反出乎意料或略感惊讶的情态②,这里所说的主观意愿与客观事实相反表达的就是一种反预期。意外类语气副词主要表达的是

---

① 吴福祥:《说"X 不必 Y·Z"的语用功能》,《中国语文》,2004 年第 3 期。
② 张谊生:《现代汉语副词研究》,商务印书馆,2014 年,第 62 页。

出乎说话者的意料,违反了说话者的预期,例如:

(1)关键的时候,啊,为了照顾自己吓晕过去的儿子,<u>竟</u>没有冲上去跟歹徒展开搏斗。(电视电影《我爱我家》)

(2)这同学一看就不是个东西,我让他不准来了吧,你们<u>偏</u>得让他来。(电视电影《我爱我家》)

(3)汤保罗这个人太没良心,大江对他那么好,他<u>居然</u>口口声声说大江阴险,心眼坏,说是大江支使我去跟他捣蛋的。(赵淑侠《我们的歌》)

(二)逆转类语气副词。吕叔湘在解释转折复句的语义时指出,凡是上下两事不谐和的,即所谓句意背戾的都属于转折句,所说的不谐或背戾,多半是因为甲事在我们心目中引起一种预期,而乙事却轶出这个预期①。表逆转类的语气副词具有转折义,学界也称它们为转折副词,它们表现了现实与预期发生的偏离,或者说是"轶出"了言者或听者的预期,例如:

(4)马乾打断杨炉长的话,刺了一句,"你空有一身胆略两手本事,紧要关头,你<u>却</u>比知识分子还更多一份书呆气!"(张老三《第三杯是美酒》)

(5)魏猁苏把脸儿一翻道:"三十块钱一担,是你亲口还的价,我愿意卖了,你<u>倒</u>反悔,真正岂有此理!"(杰克《合欢草》)

此外,《现代汉语八百词》认为"并"常用在语转折句中,有否定某种看法,说明真实情况的意味②。"并"虽然经常用在否定词"不""没(有)""非""未"等之前,但是如果去掉"并"就是客观事

---

① 吕叔湘:《中国文法要略(增订本)》,商务印书馆,2014年,第340页。
② 吕叔湘:《现代汉语八百词(增订本)》,商务印书馆,1999年,第86页。

实的陈述,加上"并"往往具有"不满"或"反驳"的意味,"不满"或"反驳"恰恰是由预期的偏离所引起的,因此,我们认为"并"不同于表 3-1 中其他强调类语气副词,可以把它看为一个反预期标记。如例(6)是"老人"揣测到听者的预期"这山上比东路山上讨钱的多"使用"并"来加以"反驳"。

(6)老人哀求道:"善心的老爷太太,请施舍施舍吧,这山上就只我一个人讨钱,并不比东路山上讨钱的那么多!"(李广田《扇子崖》)

《现代汉语词典》(第 7 版)对"其实"的解释是:"副词,所说的是实际情况(承上文,多含转折意)"也就是说"其实"是对上文的补充说明或加以更正,含有转折的逻辑语义关系。补充说明是认为听话人所言不完整,更正是认为听话人所言不正确,"不完整""不正确"都不符合听者或言者的预期,因此也就会产生反预期的意义,例如:

(7)你们只知道他会修理电视机、音响,其实他还会修理钟表呢。(侯学超 1998 用例)

(8)瞎说!谁说死了?其实,我爷爷活得比他好,这会儿,兴许在高尔夫球场,打第十三洞呢。(电视电影《我爱我家》)

(三)意愿类语气副词。意愿是比较了两种情况之后而进一步作出的意向性选择①。这类语气副词可以分为两类,一类是表主体容忍,如"宁、宁可、宁愿",一类是主体违逆类,如"偏、非",既然是比较后的意向性选择就会有取舍,舍去项就会违反言者或

---

① 张谊生:《现代汉语副词研究》,商务印书馆,2014 年,第 63 页。

听者预期进而表达反预期意义。例如：

（9）要说真话的话，您哪，我<u>宁愿</u>您不当这个副处长，别在外面给我丢人去啦。（电视电影《我爱我家》）

（10）我就说了，什么队来着？就是你们刚才说他输的那个队，我就<u>偏</u>说它赢！（电视电影《我爱我家》）

此外，从逻辑关系上来讲表递进"甚至""甚而"也可以作为反预期标记。袁毓林认为"甚至"要求焦点域中的元素是一种递进关系，焦点所代表的元素出乎意料地进入了焦点域，是可能性标尺上的最低点，因而产生的反预期①。"甚而"与"甚至"的用法类似，例如：

（11）学生丰富多彩的科技、文体活动不见了，<u>甚至</u>音乐、美术等课程也被砍掉了。（《中国青年报》1979-10-4）

（12）"二熊"的任何错误，父母都采取的是包庇态度，<u>甚而</u>一味责难学校和老师。（薛家柱：《"二熊"伏法记》）

从传信功能上讲，表反诘的"何必""何苦""何须""难道"等也可以看为反预期标记。反诘，是否定的一种方式，反诘语可以当否定语用，这是很自然的道理，不过反诘语的语意更重罢了②，反预期在本质上也是一种否定，所以反诘与反预期也是相通的，例如：

（13）我怎么就没有正经事呢啊，要照你这么说，<u>难道</u>我这都是不正经的事儿啊？（电视电影《我爱我家》）

---

① 袁毓林：《反预期、递进关系和语用尺度的类型——"甚至"和"反而"的语义功能比较》，《当代语言学》，2008 年第 2 期。

② 王力：《中国现代语法》，商务印书馆，1985 年，第 129 页。

（14）革命一辈子了，最后还跟个小学生一样，在考场上栽那个跟斗，<u>何必</u>呢？（张贤亮《男人的风格》）

（15）有什么分别？王阿毛尽够做老师了，<u>何须</u>远学莫斯科呢？（胡适《名教》）

在现代汉语中有相当一部分语气副词所表达的反预期含义必须结合语境才能判断，如："就、还、都、又、也、还是、最好、简直、敢情、好歹"等，例如：

（16）哎哎，你别说唉，咱们团长，人家<u>都</u>是副局级了，见了人啦，先拍肩膀，特别平易近人。（电视电影《我爱我家》）

（17）你说志国你<u>也</u>是，人家孩子来找圆圆做功课的，你干吗一回来就给人家轰走啊？（电视电影《我爱我家》）

（18）嘿！你不是说得天花乱坠的，到临头你怎么往回缩呀，你<u>还</u>男人呢你！（电视电影《我爱我家》）

（19）佟志赶紧蒙被子，说："<u>又</u>来了，这事儿你到什么时候才能不唠叨啊！"（电视电影《金婚》）

（20）<u>简直</u>了，贝小二中介还在追我拿服务费，我都没取现，真的不知道如何表达我心情……（新浪微博 2019-1-19）

（21）哎哟，（向志国小声）我还以为什么病呢，<u>敢情</u>是一先天不足，谁足啊我出生的时候还不够分量呢……爸，您先天不足啊，再怎么着您也这把年龄了，六十多年了怎么也该找吧回来了。（电视电影《我爱我家》）

（22）你说你，咱们<u>好歹</u>也算老战友嘛，有什么困难你可以直说嘛，你自己的，你孩子的，我都会尽量帮忙的，你怎么可以这……唉……你搞得我很被动嘛，这几天我精神恍惚……（电视电影《我

爱我家》)

另外,现代汉语中少量三音节语气副词如"大不了""不见得"等,也可以看作反预期标记,虽然含有否定标记"不",但它们已经词汇化为一个整体。加强否定的副词如"千万""万万""丝毫"等,它们主要作用是加强否定力度,提升否定语气,反预期的作用还是由否定副词"不""别""没"来承担,不宜看作反预期标记,例如:

(23)我什么时候跟你嫂子一块……不是不是,和平你千万别信别人的闲话啊,你嫂子虽说长得那什么……我顶多就是多看她几眼,我绝对跟她没……不信你问你哥去呀。(电视电影《我爱我家》)

(24)我告诉你,我骂你,完全有道理,你批我,丝毫没根据。(电视电影《我爱我家》)

结合以上分析,我们把常见的作为反预期标记的语气副词及靠语境推理具有反预期含义的语气副词归纳为表3-2:

表 3-2 现代汉语常用的与反预期有关的语气副词

主要类别	语气副词成员
意外类	竟、偏、竟然、竟至、居然、偏偏、偏生
逆转类	倒、反、反倒、倒反、反而、倒是、其实、当然、不见得
意愿类	宁、宁愿、宁可、偏$_2$、偏偏$_2$、非、非得、硬、硬是、愣、大不了
递进类	甚至、甚而
反诘类	岂、何必、何须、何苦、难道
语境推理类	也、都、还、又、就、才、太、老、总、亏、好、总是、老是、好歹、最好、还是、真是、简直、敢情

3.3 句法特征分析

3.3.1 句法位置的分布

张谊生指出语气副词有两个明显不同于一般副词的特点,一个是述谓性,其他副词一般在句内充当状语,而语气副词可以用于句首做高层谓语;另一个是其灵活性,大部分可以位于句中、句首或句尾[1]。就表达反预期的语气副词而言,单音节的一般不能位于句首,而双音节语气副词相对要自由得多,例如:

(25)偏偏,一切又决定于爸爸的部署,现在,爸爸受到冷落,还借住在"渝光书店"楼上,当然不是长久之计。(王火《战争和人》)

(26)唉,偏偏你同你母亲不知道钱的好处。(曹禺《雷雨》)

(27)天下的女人何其多,可你偏偏要来勾引我的乐梅!(琼瑶《鬼丈夫》)

从评注辖域上来讲,位于句首的语气副词是全幅评注,是对整个命题进行评注,如例(25)(26)"偏偏"后的整个句子包括话题都是新信息,位于句中的是半幅评注,只有述题是新信息。"偏偏"位置灵活而"偏"只能用于句中也说明两者的句法地位有别,"偏偏"表示的是说话人的评价,是言者副词(speaker-oriented adverb),而"偏"表示的是主语的态度,是主语副词(subject-oriented adverb)[2]。

有时单音节语气副词基于特殊语用效果的需要也可以位于

---

[1]　张谊生:《现代汉语副词研究》,商务印书馆,2014年,第39页。

[2]　石定栩:《副词与背景命题——"偏偏"的语义与句法特性》,《外语教学与研究》,2017年第6期。

句尾,例如:

（28）九点半了,都。（朱德熙 1982 用例）

（29）刘书友十分得意:"就是的,我说的就是这意思,缘分必须指爱情",李东宝:"往往多说婚姻都没爱情呢——还!"（王朔《修改后发表》）

朱德熙认为例（28）（29）这两句是"倒装"用法,前面的部分是说话者急于说出来,后面一部分再加以补充①。张伯江、方梅从信息成分排列角度将这类现象看作重要信息前置的手段,称为"移位句"②。田家隆把后置成分"都""还"看为量级算子,可将命题整体激活为新信息③。从预期信息的角度来看,上述两例也都表达了反预期的信息。如例（28）表达的是说话者认为九点半了已经很晚了,本应该早点做某事。例（29）李东宝所言违背了刘书友的预期,是对他"爱情观"的否定。此外,除了这种追补用法,语气副词还可以重复使用,重复的目的在于二次主观记量,凸显强化主观情态,例如:

（30）怎么,都骂上了,都!（郭德纲相声《论捧逗》）

（31）和平:热线电话?还大侦探呢,还!（敲门声）谁谁呀?（电视电影《我爱我家》）

3.3.2　对句类的选择

在句类分布方面,由于反预期表达的是言者的主观性立场,因此多用于陈述句,更多是用在否定的陈述句中,例如:

---

① 朱德熙:《语法讲义》,商务印书馆,1982 年,第 221－222 页。
② 张伯江,方梅:《汉语功能语法研究》,江西教育出版社,1996 年,第 21 页。
③ 田家隆:《主观强化与情态追加:单音节语气副词后置现象探究——以"还、都、也"为例》,《世界华文教学》,2015 年第 1 期。

（32）志国：志新啊，你说，你多少也算读过几年书，和平买奖券已经令人持冷，你你，而你<u>却</u>为不中痛不欲生，真真羞煞天下读书郎啊…（电视电影《我爱我家》）

（33）志国：不可能吧，怎么听着像编的呀？

　　傅老：<u>倒</u>不像是她编的

　　和平：嗳……像是我编的？我没事编一瞎话自个蒙自个玩儿我有病啊我，告诉你们啊人家马上就要跟区里签协议了，到时候协议一签咱立马就搬。（电视电影《我爱我家》）

　　表达反预期的语气副词也经常用于反问句和感叹句，用于反问句是对听者言语或行为质疑否定，感叹句是加强自己的主观立场，感叹句是通过"程度增大"（scalewidening）的方式表示超出说话者的经验或期望值①，这都与反预期信息的传达是相通的，例如：

（34）和平：（愤怒）这都什么年代了？<u>竟然</u>还存在这种封建包办婚姻?!（电视电影《我爱我家》）

（35）志国：不用党的教育我也懂。老吾老以及人之老，和平对您也挺孝顺，我也应该孝顺她妈，可问题是，那老太太，她妈那叫一没文化……

　　和平：你妈<u>才</u>没文化哪!（电视电影《我爱我家》）

3.3.3　对人称的选择

　　在表达个人主观意愿的时候，使用第一人称代词居多，以"宁

---

① 谷峰：《汉语反预期标记研究述评》，《汉语学习》，2014 年第 4 期。

愿"为例,我们在北京大学现代汉语语料库中(下文简称"北大语料库")搜索"我宁愿"一共 643 例,"你宁愿"38 例,"他宁愿"249例,例如:

(36)要我黄昏日落,还赶回家凑仔煮饭,我宁愿剃度为尼!(梁凤仪《豪门惊梦》)

(37)贯英说:"你真是守财奴,孤寒种!你宁愿死一个人,也不愿出一两银!"(欧阳山《苦斗》)

(38)我们这里的群众,他宁愿杀只鸡给你们吃,不愿你们浪费他一盆水。(1994 年报刊精选)

这说明在表达主观意愿时多是言者自己的意愿,对他人意愿的转述相对来讲占少数。在反预期语境中,对听者观点或行为的直接反驳,多用第二人称"你",因为"你"的现场性更强,例如语气副词"'亏'+人称代词"的用法,在北大语料库中有 179 例"亏你"是反预期用法,如例(39);"亏我"的反预期用法只有 1 例,如例(40),其他例句中的"亏"是表侥幸的语气副词如例(41)。"亏他"的反预期用法也仅有 11 例,如例(42)。

(39)冯军一听这话急了:"亏你想得出来!人还没去,你怎么就知道不行? 这是组织的决定,我只有服从。"(1994 年报刊精选)

(40)亏我还到处打听你爸的病!我真是自作多情。(六六《双面胶》)

(41)经过自疚之后,忽然又高兴了:"亏我心灵眼快年纪轻呵!"(李英儒《野火春风斗古城》)

(42)他说时,毫不难为情,真亏他!只有火盆里通红的炭在

他的脸上弄着光彩。(钱锺书《写在人生边上》)

　　反预期主体是听话人和说话人,在言语互动中,预期不断被确认或修正才能促进会话的顺利进行,面对面交谈以对话双方的预期为主,因此在反预期表达中第二人称"你"和第一人称"我"居多,当然不同类别的语气副词也要具体分析,比如同为意愿类语气副词的"就"与"硬"对人称的选择就有很大差别,我们下文将会对二者作对比分析。

3.3.4　与语气词同现连用的情况

　　学界从不同角度对语气副词同现连用的情况进行了深入研究。史金生先从语义角度把汉语中的语气副词分为若干小类,并经过对大量语料的考察验证得出语气副词共现的一般顺序为"证实>疑问>惑然>关系>特点>断定>必然>意志/感叹",同时提出了管辖范围原则、主观程度原则、连贯原则和凸显原则来解释语气副词同现位序的问题①。齐春红把语气副词从主观量上进行分类,指出它们的同现顺序为:主观惑量>主观估量>相对主观大量>主观大量②。除了语气副词之间连用同现外,语气副词与语气词的连用也同样值得我们关注,例如:

　　(43)自从真正入了汉服坑就天天想买,偏偏吧,汉服工期都有好久,真的难!(新浪微博 2018-9-4)

　　(44)竟然呀,这深渊将周围的元气全部吞噬,恐怖异常。(之忧《终极外挂王》)

---

① 史金生:《语气副词的范围、类别和共现顺序》,《中国语文》,2003 年第 1 期。
② 齐春红:《现代汉语语气副词研究》,华中师范大学博士学位论文,2006 年。

（45）**反正呢**，我说话就考试了，我倒是不怕蹲班，我就是怕你们家长面子上不好看。（电视电影《我爱我家》）

（46）**何必嘛**，我们四个人带这么多东西未必还混车？一看就不像不买票的人。（张勤《旅途匆匆》）

（47）余志芳：你越神气，我们越不爱理你！

　　齐凌云：**其实呀**，我并不像你们想的那么神气！（老舍《女店员》）

据徐晶凝考察并验证了北京话口语中"呀"已有超出"啊"音变的范围并取得与"啊"同等地位的趋势，并且发现用于句中时，"呀"与"啊"已经没有显著差别①。经调查，常用语气副词在反预期语境中与语气词同现情况如表3-3：

表3-3　常见语气副词在反预期语境中与语气词同现情况

语气副词＼语气词	呢	吧	呀	嘛
反正	＋	＋	＋	＋
偏偏	＋	＋	－	－
竟然	＋	－	－	－
甚至	＋	－	＋	－
何必	＋	－	＋	＋
其实	＋	＋	＋	＋

在调查中发现，语气副词"至于"本身并不是反预期标记，但是它经常与语气词"嘛"连用，表达反预期意义，例如：

---

① 徐晶凝：《现代汉语话语情态研究》，昆仑出版社，2008年，第136页。

（48）志新：唉唉唉唉，<u>至于嘛</u>，就这一百块钱就把您烧成这样？见过钱么？

志国：一百块钱还少啊，你一晚上挣一百块钱我看看。（电视电影《我爱我家》）

（49）"您好！您刚才驾驶车辆遇停止信号继续通过路口，按照规定，对您处以 200 元记 3 分的处罚……""多少？200？<u>至于嘛</u>……"（孟昆玉《北京最"帅"交警》）

虽然不同的语气词具有不同的作用，如"呢"转换一个新话题，舒缓语气①，"吧"占据话轮，缓和语气②，"呀"明确表明说话人的立场，重在表明态度和观点③，"嘛"用于停顿处，唤起听话人对下文的注意④等，但是它们都体现了会话双方的交际互动性，同时起到了篇章衔接的作用。

3.4 语用功能分析

3.4.1 隐含对比性

反预期是预期标准的偏离，反预期的主体（说话人或听话人）都有预期参照，反预期的产生都是基于对参照预期的比较而产生的，有的是与预期信息的直接对立，例如：

（50）知道老四么？原来连方便面都泡不熟，现在<u>居然</u>在唐人街开起餐馆来了，赚了大钱了。（电视电影《我爱我家》）

---

① 方梅：《再说"呢"——从互动角度看语气词的性质与功能》，《语法研究和探索（十八）》，2016 年。
② 杨德峰：《连词带语气词情况及语气词的作用》，《华文教学与研究》，2018 年第 1 期。
③ 徐晶凝：《现代汉语话语情态研究》，昆仑出版社，2008 年，第 140 页。
④ 吕叔湘：《中国文法要略（增订本）》，商务印书馆，2014 年，第 340 页。

（51）傅老：唉，办都办了，还讲他干吗。

　　　　老胡：我<u>偏</u>讲！我<u>偏</u>讲！我<u>偏</u>讲！（电视电影《我爱
我家》）

例（50）说话者认为老四在唐人街开了餐馆还挣了大钱，这种
现象按预想和常理根本不可能出现的，因为他连泡面都煮不熟怎
么可能会开餐馆做饭，这种"预想"或"常理"就是说话者对比的标
准，用"居然"必然隐含着这样一个标准的存在，表达一种出乎意
料的效果，这是一种"可能"与"不可能"的对立。例（51）是会话
双方意愿的对立，傅老希望老胡不要讲他了，老胡"偏"要讲，这里
"偏"是说话者故意违逆说话者意愿的语气副词，"违逆"的是听话
者的意愿，这个"意愿"，恰是"偏"使用的参照对象。

有的是在预期量上的偏离。齐沪扬、胡建锋从量的角度提出
了超预期量与负预期量，认为实际量超过预期信息量的叫作超预
期信息量，低于预期信息量的叫负预期信息量，并指出超预期与
负预期都有一个参照的基准量，这个参照基准量就是比较的对
象①，例如：

（52）志国：她就是八十年，也跟我没关系呀！

　　　　傅老：没关系！志国，在秀芳母子面前，你就是没有社
会主义的爱心，也总该有一点仁道主义的良心嘛，你就是没有，也
<u>总</u>该有一点那个什么嘛。（电视电影《我爱我家》）

（53）你<u>还</u>说呢，你，哎我头两天我就告诉你总裁要到你们家
去，你为什么不好好准备，你！（电视电影《我爱我家》）

---

① 齐沪扬、胡建锋：《试论负预期量信息标记格式"X是X"》，《世界汉语教学》，2006年第
　2期。

　　例(52)中语气副词"总"所标示的焦点与它的对比项存在一个量级序列,这个序列也是说话人的预期序列,序列的可能性等级为:那个什么嘛>社会主义良心>社会主义爱心。傅老认为志国说孤儿寡母的秀芳母子跟自己没什么关系是不恰当的,不符合他的心理期待,用"总"字句表达了自己的不满。在例句中"总"所标志的焦点项一共有两项,一个是"人道主义良心",它的对比项是"社会主义爱心",另外一个焦点项是"那个什么嘛",它的对比项"人道主义良心"和"社会主义爱心",这个焦点项是位于说话者心理预期的最低端,是最有可能发生的,如果连这个最有可能发生的都没发生就偏离了说话者的预期,产生了反预期的表达效果。例(53)中语气副词"还"表示的是说话人认为"说"行为不该持续,实际上却仍然持续,这也是预期量在时间上的偏离。

　　李宇明讨论了主观量的"常态"与"异态",他认为人们对一定的事物、事件和性状量的大小及因量而产生的联系都有一个常识性认识,这种量是常态量,如在常压下水在摄氏零度时结冰,常态量包括社会常态量和个人常态量,前者是常识性的常态量,后者是说话人特殊的不同于社会常态量的认识。异态量是与常态量不符合的量,并指出异态量是主观量表达的一种重要根源①,例如:

　　(54)刚五岁就上小学了。(李宇明 1997 用例)

　　(55)都六十多岁了还没退休。(同上)

　　所有表达异态量的句子隐含了可以比较的常态量命题,例

_____

① 李宇明:《主观量的成因》,《汉语学习》,1997 年第 5 期。

（54）（55）所隐含的常态命题分别是"七岁上小学""六十岁退休"。对主体的预期而言符合预期的是常态，不符合预期为异态，异态量命题其实也就是反预期的体现方式，它是对"常态"的偏离。"常态"是预期的参照标准，反预期的产生都是基于对参照标准的比较。

一般把反预期信息分为三类：与受话人信息相反、与听话人信息相反、与特定言语社会共享信息相反，特定言语社会共享的预期通常体现为某个言语社会普遍接受或认可的先设，它是人基于对客观世界的认识和经验建立起来的一种常规，在认知语言学里这种先设或常规通常被称为老套模式（stereotypes）。"stereotypes"又可翻译成"固有模式"。"固有模式"又叫"定型"或刻板印象，"社会固有模式"反映了人们的正常期望，凡符合期望的可用无标记手段表现，反之，违背正常期望的，往往用转折标记或特定结构等来表现，例如：

（56）老傅：他们谁赢的可能性大一点？

老胡：傻子也知道啊，当然是德国赢了。（电视电影《我爱我家》）

（57）文丽（瞪眼喊）：你管得着吗！

佟志：大晚上的，别来劲啊！（电视电影《金婚》）

例（56）中的语气副词"也"即使不是转折标记也标识了违背说话人的正常期望，可以看为反预期用法。说话者老胡认为德国队是公认的强队，老傅居然还在问谁能赢，这种疑问并不在情理之中。例（57）佟志用"大晚上的"认为文丽大声喊叫也不合情合理，因为晚上应该是安静休息的时间。例（56）的参照标准是"傻子",傻子知道德国队赢球的可能性最低,现在可能性最低都知道谁能赢,而老傅不知道。例(57)的对比参照标准是按常理晚上应该有的"安静"的行为,而文丽的行为则恰恰相反。

这种"常态"或者说"社会固有模式"作为反预期表达的对比参照标准,往往具有共享性和社会规约性,是人们广泛认可并且普遍接受的世界知识。

此外,反预期表达隐含的对比性,也起到了凸显焦点的作用,例如:

(58)庄嫂:看什么看?人家都不乐意看你,你还偏热脸蛋贴冷屁股,你有病啊?(电视电影《金婚》)

例(58)中的"热脸贴冷屁股"是句子的谓语部分既是自然焦点又是与"人家都不乐意看你"相对的对比焦点,它是句子表达的中心,句子使用语气副词"还""偏"连用使得焦点更加凸显,起到强化焦点的作用。

3.4.2　主观元语性

汉语语气副词在西方语言里是找不着相当的词的,语气副词的空灵不让语气词①,"空灵"是语气副词主观性的体现。目前汉语学界采用的主观性定义主要来自 Lyons 的表述,即主观性(subjectivity)是指语言的这样一种特性,即在话语中多多少少总是含有说话人"自我"的表现成分②。也就是说,说话人在说出一段话的同时表明自己对这段话的立场、态度和感情,从而在话语中留

---

① 王力:《中国现代语法》,商务印书馆,1985 年,第 230 页。
② Lyons, J. *Semantics II*. Cambridge: Cambridge University Press, 1977.

下自我的印记。现代汉语中有许多多功能副词,比如"都"由范围副词到语气副词,"就"由时间副词、范围副词到语气副词等等必然经历了主观化的过程,它们作为语气副词的主观性最强,例如:

(59)这个年头儿,谁有闲钱结婚?我照顾自己都照顾不来!(钱锺书《围城》)

(60)老傅:老胡啊,不是我说你呀,你看这么些年,你的主观唯心论还没有改造好嘛。

　　　老胡:我今天还就主观了。我就认为哥伦比亚肯定赢,怎么样,跟我打赌,敢吗?(电视电影《我爱我家》)

语气副词的主观性还体现在它们的元语用法上,世界上的任何语言言语交际形式都包括两个层面,一个是基本话语,它是表达关于命题的信息,由主题和指示意义组成,另一个是元话语,告诉读者如何理解、评述关于话题的命题信息,由主观态度、人际意义和语篇意义等组成①。元语是用来指称和描述语言的语言,典型的元语是以引述的形式出现,引述的用意不在传递命题内容而是在于表明说话者对引述语的态度。沈家煊对语气副词"还"的元语用法的研究具有启发意义②,例如:

(61)小车还通不过呢,就别提大车了。(沈家煊2001用例)

他认为例(61)中的"还"是"引述+表态"的用法,为元语增量副词,"还"字句表明了说话者的主观态度,即认为命题提供的信息量不足,带"还"的命题才能提供足量的信息。"还是"也可以具

---

① Crismore, A. *Talking with Readers:Metadiscourse as Rhetorical Act*. New York:Peter Lang,1989.
② 沈家煊:《与副词"还"有关的两个句式》,《中国语文》,2001年第6期。

有元语用法,例如:

（62）胡三:买电脑那一万块呢？啊？哎,要不这么着,你给我五千块钱,我呢好歹让你落一电脑,你看怎么样？

　　志新:别别我落,<u>还是</u>你落吧,你给我五千,电脑归你。（电视电影《我爱我家》）

例(62)句中去掉"还是"不影响句子的合法性,并具有较强的主观情态功能。邵洪亮把"还是"的元语用法归结为:引出某种说法、想法、建议或主张,而引出的这种说法、想法、建议或主张是说话人或当事人经过比较、考虑的[①]。张谊生认为汉语中的一些评注性副词具有元语言的基本作用即"主要表示说话人的主观态度,还能组织话语结构"[②]。例如:

（63）a 这本书我<u>都</u>看过了。你看过没有？

　　　b 这本书我<u>都</u>看过了。你会没看过？（张谊生2014用例）

第一句中的"都"为表统括的范围副词,是纯客观表述一个事件,不是元语用法,第二句中的"都"为语气副词,带有强烈的主观情态,是元语用法。

3.4.3　互动评价性

互动语言学(interactional linguistics)强调对语言的研究必须置于交际互动的背景下,必须关注会话行为以及语言的在线(online)形成过程,关注言者与听者的互动,研究言谈参与者的交际

[①]　邵洪亮:《副词"还是"的元语用法》,《语言教学与研究》,2013年第4期。

[②]　张谊生:《现代汉语副词研究》,商务印书馆,2014年,第163页。

意图是如何通过语言或非语言的多模态资源来实现的①。沈家煊指出互动语言学不仅要看言谈双方说了什么、怎么说的，还要从互动交际的角度来解释为什么这么说②。反预期的表达多是在日常会话中发生，体现很强的人际互动性，也体现了言者的主观立场，例如：

（64）傅老：你也不要光想自己，你替人家孩子想想。

志国：<u>其实</u>呀，我也挺同情那孩子的，关键是那孩子他爸，你想吧，和平跟他爱人长得又挺像的，回头他们俩天长日久的嗯嗯嗯嗯……（电视电影《我爱我家》）

（65）志国：我<u>倒</u>觉得啊，没事你倒可以到圆圆那屋坐坐去，打毛衣哪儿不是打啊。

和平：去……（电视电影《我爱我家》）

（66）和平：您工作上的事儿我就不说啦，您在家里表现得又怎么样？除了唱唱高调儿没见您做一件具体事儿——连个碗都没洗过。

傅老：你，你，你，<u>简直是</u>，我要不是看在你生病的份儿上……岂有此理嘛！（电视电影《我爱我家》）

3.4.4　篇章衔接性

屈承熹较早注意到副词篇章功能，他指出副词出现在主语或

---

① 方梅、李先银、谢心阳：《互动语言学与互动视角下的汉语研究》，《语言教学与研究》，2018年第3期。
② 沈家煊：《从英汉答问方式的差异说起》，载方梅主编《互动语言学与汉语研究（第一辑）》，世界图书出版公司，2016年。

主题的前面或者后面虽然不涉及句子的本身结构,但却与篇章结构密切相关,并具体分析比较了"并""倒""也"、"就""才"、"事实上""其实""实在的""真的"等几组近义副词在篇章功能上的差异①。张谊生从功能类型、衔接方式等方面较为系统地研究了副词篇章衔接功能②。潘海峰根据连接功能的层次,将副词分了语法型衔接、语用型衔接和浮现型衔接等三类③。巴丹对语气副词的篇章衔接功能作了专题性研究④。结合学者们的研究我们认为表达反预期的语气副词功能类型主要有以下两种:

(一)转折关系。在篇章中主要表示所连接的前后两种情况间的对立和不协调,这类语气副词主要有逆转类和意外类语气副词。张谊生又把篇章中的这种转折型衔接关系分为对立式、意外式、补注式、无奈式⑤,与反预期有关的主要是前三种,例如:

(67)小于呀,你不总和群众联防抓坏人嘛? 啊? 如今这坏人真来了,你怎么<u>反倒</u>让坏人给抓住了。(电视电影《金婚》)

(68)<u>却</u>不料她<u>竟然</u>轻声叫起来:"郭师傅,你走吧,快走吧,让人看见你在这儿,又该……"(张抗抗《淡淡的晨雾》)

(69)佟志:我是想给你回信的,就是有一点忙。

方卓娅:别解释了。<u>其实</u>,是我对不起你,我们家对不起你。我从来没想过要抱怨你。(电视电影《金婚》)

① 屈承熹:《汉语副词的篇章功能》,《语言教学与研究》,1991 年第 2 期。
② 张谊生:《现代汉语副词研究》,商务印书馆,2014 年,第 299 - 319 页。
③ 潘海峰:《汉语副词的主观性与主观化研究》,同济大学出版社,2017 年,第 145 - 146 页。
④ 巴丹:《现代汉语评注性副词篇章衔接功能研究》,上海师范大学博士学位论文,2018 年。
⑤ 张谊生:《现代汉语副词研究》,商务印书馆,2014 年,第 307 页。

（二）选择关系。言者主体在充分考虑利弊的基础上，选择符合自己意愿的选项，或者给听者提供建议的选项，这类表达反预期的语气副词主要是意愿类和反诘类，例如：

（70）圆圆：那我<u>宁愿</u>饿死也不吃鱼，行不行啊！（电视电影《我爱我家》）

（71）志国：您买块儿小黑板不得了么，买这么大的！

　　　傅老：大的小的价钱都差不多，我<u>何必</u>不买大的呢！（电视电影《我爱我家》）

（72）<u>何必</u>呢，修也没用，有空还是歇会儿。（李佩甫《夜长长》）

3.5　本章小结

本章首先对现代汉语语气副词反预期的表达作了分类，并分析了它们特殊的句法语用功能。主要观点：（1）表意外、逆转和意愿的语气副词和表递进关系的"甚至""甚而"以及表反诘的"难道""何必""何苦"等可以作为反预期标记，此外，在现代汉语中有些语气副词比如"都""也""还""又"等等，也可以表达反预期的话语功能，但要结合语境具体分析。（2）在句法上，表反预期的语气副词具有述谓性和灵活性，但单音节的一般不会出现句首位置。在句类分布方面，由于反预期表达的是言者的主观性立场，因此多用于陈述句，且更多地使用在否定的陈述句中。反预期主体是听话人和说话人，在言语互动中，预期不断被确认或修正才能促进会话的顺利进行，面对面交谈以对话双方的预期为主，因此在反预期表达中第二人称"你"和第一人称"我"居多。（3）表达反预期的语气副词具有隐含对比性、主观元语性、互动评价性、篇章衔接性等特殊的语用功能。

本书的主要内容是基于表达反预期的语气副词的特殊语用功能展开,"都""就"在语境中反预期话语功能的浮现与其所参照的预期量有关。主体容让类语气副词的反预期及所体现的言者态度,言实类语气副词的反预期及所体现的言者立场,以及在高频使用中表反预期词组逐渐规约化为负面评价标记,这些都与语气副词"主观元语性"和"互动评价性"的语用功能有关。

第四章 主观增量类语气
副词反预期的浮现

4.1 引言

4.1.1 关于"增量"

顾名思义"增量"就是量的增加。"量"是人对事物、事件、性状的大小、范围、程度等进行认知的结果,这种认知范畴投射到语言中来,即通过语言化形成语言世界的量①。客观世界的增量包括次数的增加、时间的持续、范围的扩展、程度的加深等,在语言中这些客观世界的增量都可以通过副词形式加以体现,例如:

(1) 这个人昨天来了,今天又来了。(吕叔湘 1999 用例)

(2) 他还在图书馆看书。(同上)

(3) 每个孩子都长得很结实。(同上)

从基本义上看,"又"表重复;"还"表状态的延续;"都"表示范围的总括。总括、延续及重复往往会伴随着数量或程度的增加,

---

① 李宇明:《汉语量范畴研究》,华中师范大学出版社,2000 年,第 30 页。

也就意味着量的增加,因此"又""还""都"可以看为增量副词。

"增量"是量的变化,学界也很早就重视量的变化,如李宇明指出重叠具有"调量"功能,对基式所表达的量进行增减①;石毓智从量变特征上把词汇分为离散量词和连续量词②;张亚军认为程度副词凸显的是性质程度的量度变化③;沈家煊明确提出"增量副词"的概念,并且区分了"一般增量"与"元语增量"的用法,指出一般增量是说话者客观地陈述一个命题,元语增量是对所陈述的命题表明了说话者的主观态度④。当一个副词表达的是元语增量,就可以把它看为语气副词了。

在现代汉语中能够表示增量的副词主要有重复副词:"又、也、再、更、还"等;频率副词"老、总、老是、总是"等;范围副词"都、总"等;程度副词"最、太、好"等,但是它们大都是多功能副词,张谊生对这类词也都加以标注⑤,它们在特定的语境中也表达某种语气。

4.1.2   增量与反预期的浮现

量的增加超过了说话者的预期量具有较低的情理值,就与反预期产生了关联。情理值是外部事物或事件联系性大小,对情理值的理解往往是以人们的认知经验为基础的,如"大学生"与"识

---

① 李宇明:《动词重叠的意义》,《世界汉语教学》,1996 年第 1 期。
② 石毓智:《语法的形式和理据》,江西教育出版社,2001 年,第 28 页。
③ 张亚军:《副词与限定描状功能》,安徽教育出版社,2002 年,第 49 页。
④ 沈家煊:《与副词"还"有关的两个句式》,《中国语文》,2001 年第 6 期。
⑤ 张谊生:《现代汉语副词研究》,2014 年,第 21－22 页。

字多"具有高情理值，"小学生"与"识字多"为低情理值①。量的增减造成的"过犹不及""少则不够"都偏离了人们的常规认识，从而促使反预期的产生，有的用法甚至已经规约化为反预期构式，例如：

（4）叶奕雄显然不耐烦了说："<u>又来了</u>，三句话不离本行。"（雪静《旗袍》）

（5）<u>都这么大姑娘了</u>，还跟小孩似的，不害臊嘛！（网易新闻2018-5-14）

（6）志新：你放心除了我没人认识你，怎么着急赤白脸把我找来是不是让我领美子去？

　　　胡三：<u>还美子呢，褂子了</u>！（拿过一餐巾，假装擦桌子）我扫地的时候，我发现…（电视电影《我爱我家》）

董秀芳从历时角度考察表达动作的重复或持续意义的成分主观化历程，研究发现动作的重复和持续可以发展为表示性质或状态的程度的增量，还可以发展为对命题的强调，并可能进一步发展出惊讶、质疑、否定等语气，如"还"的发展演变轨迹②（转引自董秀芳，2017），证明了"增量"与反预期的关系，即：

返回————重复、持续————增量——惊讶、出乎意料——质疑、否定
（动词）（频率、时间副词）（程度副词）（语气副词）（语气副词）

语气副词表达反预期的话语功能是动态浮现（Emergent）的过程，反预期是在实际运用中产生的，反预期构式经过高频使用

---

① 张旺熹：《汉语句法的认知结构研究》，学林出版社，2016 年，第 24 页。
② 董秀芳：《从动作的重复和持续到程度的增量和强调》，《汉语学习》，2017 年第 4 期。

逐渐凝固,就像原本表示总括、重复、频率的增量副词演变为语气副词进而表达反预期的话语功能都是在特定语境中高频使用形成的。

本章以增量副词"都"的量级含义为例,详细分析了它与另一个增量副词"还"在连字句中的对立与中和现象,以及构式"都NP了""还NP呢"的使用的差异,研究目的主要有:(1)从增量看反预期的浮现;(2)从对比分析发现增量副词在相关构式中的凸显差异;(3)为对虚词的中和现象研究提供参考。

4.2　增量副词"都"的量级含义与反预期

《现代汉语八百词》把"都"的意义和用法概括为三种:(1)表示总括全部,包括总括对象可以是表示任指的疑问代词、总括对象前可以用连词"不论""无论""不管"、总括对象在"都"的后面以及与"是"合用的四个小类;(2)"都"轻读,相当于"甚至"。包括与"连"字同用、前后用同一个动词、"一+量···都+动"和用于让步小句四类;(3)句末常用"了",相当于"已经"[1]。我们赞同张谊生[2]、高顺全[3]等对"都"的两分法,一个是范围副词用法,一个是语气副词用法。范围副词主要是客观性用法,语气副词主要是主观性用法,例如:

(7) 您看您,进个门儿,连个钥匙都懒得掏,国家能不让您退休么。(电视电影《我爱我家》)

---

[1]　吕叔湘:《现代汉语八百词》(增订本),商务印书馆,1999年,第117-118页。
[2]　张谊生:《副词"都"的语法化与主观化》,《徐州师范大学学报》,2005年第1期。
[3]　高顺全:《多义副词的语法化顺序和习得顺序研究》,复旦大学出版社,2016年,第232页。

（8）崔凤仙嗔道："都这样了，你还有心耍贫嘴！"（莫言《丰乳肥臀》）

这两例句中的"都"都是主观性用法，例（7）"都"用在连字句中，例（8）"都"与句末语气助词"了"搭配使用，《现代汉语大词典》（第 7 版）认为"都"的用法表强调，只不过在连字句中强调成分在"都"的前面，与句末语气助词"了"一起使用，强调成分是在"都"的后面，也有学者认为例句中的"都"不仅表示强调，而且是极性强调①。现代汉语中副词"都"一直是学界关注的热点，张谊生指出"都"的主观情态的语用义是"趋大"②也就是我们所说的"增量"，例如：

（9）大多数人（﹡有一些人）都不想把事情闹僵了。（张谊生 2003 用例）

例（9）中"都"是客观用法，表总括起到全称量化的作用，为"趋大"义与"有一些人"表"趋小"的主观性情态是相抵触不协调的，因此不能使用。胡建刚把"都"看作"主观超量"的标记词，指出"都"强调焦点处于层级的顶点，它所指的语义成分不管在数量上还是在结果上极大超过了说话人的主观预期量，进而表达反预期的话语功能，例如③：

（10）我爸爸二十五岁都三个孩子了。（数量超量）

（11）他半斤酒都会醉。（结果超量）

除此之外，蒋严从语用的关联理论出发，认为"都"只有表总

---

① 李文浩：《作为构式的"都 X 了"及其形成机制》，《语言教学与研究》，2010 年第 5 期。
② 张谊生：《范围副词"都"的选择限制》，《中国语文》，2003 年第 5 期。
③ 胡建刚：《主观量度和"才""都""了₂"的句法匹配模式分析》，《世界汉语教学》，2007 年第 1 期。

括的用法,"都"的其他用法可以通过语用推理推导出来①。蒋静忠、潘海华认为"都"作为全称量算子会引出一个三分结构,通过该三分结构和两条语义解释规则可以统一解释"都"的不同意义②。袁毓林研究了"都"的加合性语义功能及分配效应、"都"隐性否定和极项允准功能,以及"都"与"也"在相关构式中的用法区别等等③。

那么"都"为什么具有极性强调功能,强调什么,这种极性强调与"都"字句反预期的表达有何关联,这是本章在已有研究的基础上所要关注的。

"都"之所以有"极性强调"的用法主要是因为"都"的主观性用法具有量级含义。沈家煊从量级模型的角度将"连教授还教不了呢,何况讲师。"中的"还"看为量级算子(scalar operator)④,根据"都"的语气副词用法,我们也可以把"都"看为一个量级算子,它表达的是一种主观极量。语用量级是由同一语义范畴内的语义焦点和其他可替换成员或对立成分组成的集合,集合成员根据命题实现可能性或语力强度构成一个有序的等级⑤。语气副词"都"的量级用法在连字句和在与句末语气助词"了"搭配使用时得到了很好的体现。

"连"字句是现代汉语中常用的句式,众多学者也作了深入的

---

① 蒋严:《语用推理与"都"的句法语义特征》,《现代外语》,1988 年第 1 期。

② 蒋静忠、潘海华:《"都"的语义分合及解释规则》,《中国语文》,2013 年第 1 期。

③ 袁毓林:《论"都"的隐性否定和极项允准功能》,《中国语文》,2007 年第 4 期。

④ 沈家煊:《与副词"还"有关的两个句式》,《中国语文》,2001 年第 6 期。

⑤ Horn, L. *Toward a new taxonomy for pragmatic inference*: $Q \sim$ *and* $R \sim$ *based implicature*[A]. In D. Shiffrin(ed.). Meaning, Form, and Use in Context[C]. Washington. DC: Georgetown University Press, 1984.

探讨。崔希亮认为从表达接收的角度看"连"字句是多重语言信息的载体，从语言结构的角度看，它又是一个关联形式，它不仅仅把词和结构连接在一起，它还把词或结构的内在意义和外在意义都连接在一起①。刘丹青、徐烈炯指出"连"所带的成分属于话题焦点，不具有［＋突出］的特征，"连"字句的强调作用，来源于该句式特有的预设和推理含义，是由整个"连……都/也"式表达的，并不影响"连"所带成分的话题性②。学界对"连"字句的研究也取得了较为一致的认识，即"连"字句包含了说话人的主观预设，"连 X"中"X"处于可能性尺度的最低端，比起该尺度中的其他成员是最不可能有 VP 的行为或 AP 的属性，而"连"字句所强调的事实是这种"最不可能"反倒为真，那么言外之意，就是在可能性尺度中高于"X"成员更会有 VP 的行为或 AP 的属性了③。

沈家煊借鉴 Fauconnier 的"量级"概念，阐述了一条认知原则，对一个极大量 M 的肯定（可能性最低）意味着对全量的肯定，对一个极小量 n（可能性最大）的否定意味着对全量的否定④。"连"字句牵涉到"可能性等级"序列，根据沈家煊所提出的量级肯定否定的规则，可认为对一个可能性等级序列低端的肯定意味着对全量的肯定，如例（12）"小学生"位于"会"的可能性等级序列的低端，如果"小学生会"那么中学生和大学生都应该会，如果不会就会产生反预期。对一个位于可能性等级序列高端的否定意

①　崔希亮：《试论关联形式"连…也/都…"的多重语言信息》，《世界汉语教学》，1990 年第 3 期。

②　刘丹青、徐烈炯：《焦点与背景、话题及汉语"连"字句》，《中国语文》，1998 年第 4 期。

③　刘丹青：《作为典型构式句的非典型"连"字句》，《语言教学与研究》，2005 年第 3 期。

④　沈家煊：《与副词"还"有关的两个句式》，《中国语文》，2001 年第 6 期。

味着对全量的否定,如例(13)作为大学生都不会,更不要提中学生和小学生了,如果认为"大学生不会而中学生和小学生会"就违背了常规认识,也产生反预期的话语功能,例如:

(12)(连)小学生<u>都</u>会,你还弄不明白。

(13)(连)大学生<u>都</u>不会,我怎么能弄明白。

袁毓林明确指出在"连"字句中约束焦点成分 NP 并不是"连"而是"都"①。"都"的基本义也就是它的客观用法,表示总括全部,用在连字句中蕴含一个量级序列,如例(12)(13)的量级序列我们可以简单概括为〈小学生,中学生,大学生……〉,"都"所约束的焦点成分可位于量级序列的最低端,也可位于量级序列的最高端,但都表达的是主观极量,只不过一个是正向极量,一个是负向极量,当"都"所关涉的焦点项位于量级序列的低端时,"都"后成分往往是肯定,句子为可能性低的命题,例(12)"小学生会"的可能性低。当"都"所关涉的焦点项位于量级序列的高端时,例(13)"都"后成分往往是否定,句子仍为可能性低的命题,"大学生不会"的可能性低。正是"都"通过对焦点的约束,使其跟量级序列上其他成分进行对比,表达一种可能性低的命题(小学生会、大学生不会),进而传递反预期的句式义。

"都"作为量级算子,在"都 NP 了"中将其关涉的焦点项 NP 处于量级序列的高端,表达的仍是主观极量义,后续成分表达的多是否定含义,例如:

(14)咱<u>都</u>老夫老妻了,别像刚结婚那会,好吗? (新浪网

---

① 袁毓林:《汉语句子的焦点结构和语义解释》,商务印书馆,2012 年,第 206 - 207 页。

2017-12-26)

（15）这都 90 年代了，这破桌子破椅子的，整整落后了半个世纪嘛。（电视电影《我爱我家》）

（16）罗力大叫一声不好："真傻，都这个时候了，还上电台，电台早就撤了，政府也撤了，现在大家都乱作了一团，谁还管那些贫儿院。（王旭烽《茶人三部曲》）

语用量级是基于说话双方的共同认知基础（common ground）构建而成的。在"都 NP 了"中所蕴含的量级序列多为认知上的时间顺序，因为语气助词"了"表示的是新情况的出现①。上文例句中"老夫老妻""这个时候"都表示因时间的变化而达到说话者心理的极大量。邢福义也指出能进入"都 NP 了"的名词必须要具有［＋顺序］的语义特征②。位于量级序列高端的 NP 才可以进入"都 NP 了"，因为位于量级序列低端的名词不宜与后续句表达形成"落差"，表达反预期的话语功能。

"都"所约束的焦点项可以是动词，整个命题也是表达反预期如例（17）（18），同名词性成分一样可以作相同的解释。

（17）哎哟嘿……那就不用了，谁说我爱吃红烧肉啊？这等粗食如何吃得？我闻都不要闻。（电视电影《我爱我家》）

（18）死都死了，你们还来要人，有个屁用！（王火《战争和人》）

"V 都不 V"可以转变为连字句"连 V 都不 V"所表达的意义不变，"V 都 V 了"中"都"把焦点"V"处于语用量级的最大端，

---

① 邓川林：《语用量级与句尾"了"的成句条件》，《语言科学》，2015 年第 2 期。
② 邢福义：《说"NP 了"句式》，《语文研究》，1984 年第 3 期。

"V"在主观量度上超出说话人的主观预期,从而产生了反预期的话语功能。

总之,作为量级算子的"都"把焦点成分置于量级序列极端(最高端或最低端),这个量级序列是根据人的主观经验或常规建立起来的,并把焦点成分与序列上其他成分进行比较,得出可能性低的命题,从而表达反预期的话语功能。

现代汉语中虚词往往会直接影响一个句子的意义或结构,通过比较的方法才能很好地把握虚词抽象复杂的意义和用法,因此我们可以把"都"与另一个增量副词"还"在相关反预期构式中的具体用法作对比考察,以加深对两者的认识。

4.3 "都"与"还"在连字句中的差异及中和

现代汉语中,副词"都"与"还"的基本语义虽不同,但在使用中有时二者却可以互换,并不影响句子的真值语义,实现语义中和。吕叔湘认为例(19)中的"还"可以用"都"①。

(19)(连)小车<u>还</u>通不过,更别提大车了。(吕叔湘 1999 用例)

(19′)(连)小车<u>都</u>通不过,更别提大车了。

"都"与"还"都是对"小车通不过,大车更通不过"这一相同情景的描述。汉语学界对"都"和"还"的单独研究不胜枚举,如许多学者对"都""还"的语义分类、语法化及主观化、语用功能等进行研究。"连"字句句式义对副词的准入有严格的选择限制,"都"和

---

① 吕叔湘:《现代汉语八百词(增订本)》,商务印书馆,1999 年,第 253 页。

"也"是连字句中最常用的副词,袁毓林①、巴丹②等学者对两者的语义、互换条件及互换后的表达差异进行了对比考察,但经调查就会发现,除了"都、也"外,"还"也经常出现在连字句中,而其他常用的单音节副词如:"才、又、更"等是不能出现在"连"字句里的,"连"字句为"都""还""也"实现中和提供了基础。

语言学中的中和现象是指原本对立或具有差异的语言单位在某种语言环境中对立与差异暂时消失,中和是相对的,被中和的语言单位由于基本语义的不同也必然表现出某种细微的差异。本节在已有研究的基础上重点探究连字句中"都"与"还"语义中和的参差局面及背后的影响制约因素③。

4.3.1　句法选择与限制

4.3.1.1　可以互换中和的情况

在句法层面上,连字句中"都"与"还"经常可以互换,"都""还"后面是谓语部分。"连"与"都/还"中间可以是主语、谓语、前置宾语及状语,我们以"还"式连字句为例,例如:

(20)连蚂蚁还(都)知道保护自己性命,人谁不愿意趋吉避凶?(姚雪垠《李自成》)

(21)他有了马士英那样的阔亲戚,经过弘光一局,许多老朋友连躲还(都)躲不迭,哪里还肯记,恐怕连过去写下的诗文也都

---

① 袁毓林:《"都、也"在"Wh+都/也+VP"中的语义贡献》,《语言科学》,2004 年第 5 期。
② 巴丹:《"都"与"也"在相关构式中的微殊与中和》,《汉语学报》,2013 年第 3 期。
③ 本章节暂不考虑"连"与"都/还"分处不同分句的情况以及"都/还"与"也"的差异及中和的问题。

赶紧删去了。(当代报刊《读书》)

(22)他看了一阵,把报告轻轻地往旁边一堆,说:"毫无头绪,简直连问题的性质还(都)没闹清!"(杜鹏程《保卫延安》)

(23)为练好在高台倒放的八仙桌的四根桌腿上转动的硬功夫,队员们连吃饭时还(都)做"金鸡独立"动作。(1994年报刊精选)

以上例句中的"还"都可以用"都","都"的具体用例不再赘述。在北京大学中国语言学研究中心现代汉语语料库,我们随机各抽取200条可以互换的"都"式连字句和"还"式连字句,"连"与"都/还"中间部分所充当的句法成分统计结果如表4-1:

表4-1　"连"与"都/还"中间部分所充当的句法成分统计

类型 \ 句法成分	主语	前置宾语	谓语	状语
"都"式	73	104	22	1
"还"式	38	154	26	2

语言事实告诉我们,"都""还"前面前置宾语占绝对优势,从语义上讲前置宾语往往是受事成分,在连字句中宾语提前作为焦点,对受事成分加以强调说明以增强表达效果。

4.3.1.2　互换中和受限的情况

在连字句中"都"与"还"的互换是受到一定条件限制的。经过对语料的对比考察,两者互换使用的限制条件归纳如下。

(一)肯定式与否定式对"都"与"还"的选择倾向。我们随机各抽取200例含"都"与"还"的连字句语料,"都"式有67条肯定用例,占33.5%;"还"式只有11条肯定用例,占5.5%。并且

"还"用于肯定句中一般与"是""能""会""要"等连用,例如:

（24）可怜桂枝香那时出面请客都没份儿,连生日酒<u>还</u>是她替桂枝香做的呢。（白先勇《游园惊梦》）

（25）不喝就滚出去,好心好意,不领情是怎着? 你个傻骆驼! 辣不死你! 连我<u>还</u>能喝四两呢。（老舍《骆驼祥子》）

（26）把这个想开了,连个苍蝇<u>还</u>会在粪坑上取乐呢,何况这么大的一个活人。（老舍《骆驼祥子》）

（27）就连星期天<u>还</u>要有半天进行训练,付出的比一般的孩子要多得多,有什么理由冲她们发火呢?（1994报刊精选）

除此之外,一般在肯定式中用"都"而不能用"还",如例（28）。

（28）3个月后,连我自己<u>都</u>（＊还）意识到,我的确在音乐方面有些天赋。（卞庆奎《中国北漂艺人生存实录》）

（二）否定词"没""不"与"都""还"的共现倾向。同样用在否定式中,"都"既可以和"没"搭配,也可以和"不"搭配,不受限制,而"还"倾向于与"没"搭配使用,例如:

（29）左等右等的,秀英就很恼火地说,这个刘珉,怎么说请人家吃饭,却连招呼<u>都</u>（＊还）不打就走了呢! 他这是什么意思吗?（胡玥《世纪毒枭刘招华的生死迷途》）

（30）叶楠好像怕别人误会似的,连招呼<u>还</u>（都）没打,就先说:"我是来给你还书的。你出院时走得匆忙,没来及还给你,几个月了一直也抽不出时间过来。"（节延华《绿颜色》）

在这里要说明的是,一些固定用法如"没门""没意思"等用于连字句时,不用"还",例如:

（31）你那点鬼心眼子我知道,连门<u>都</u>（＊还）没有。（莫言

《天堂蒜薹之歌》）

（32）欧阳情自己非但没有说过一个字，连一点意思<u>都</u>（＊还）没有。（古龙《陆小凤传奇》）

虽然否定句中"还"与"没"搭配使用是常态，但当谓语是诸如"知道""清楚"等心理感知动词或"会""能"等能愿动词时，也可以用"不"，例如：

（33）真好笑，她连日子<u>还</u>不知道呢，就会说那天有约会！（陈绵《候光》）

（34）我难道连"马"字<u>还</u>不会写吗？（杨建业《马寅初传》）

（三）句尾"了"与"都""还"的共现倾向。连字句中"还"一般不能与句尾表示新情况出现的"了"搭配使用，但是"都"可以，例如：

（35）但要满足每一个球迷签名合影要求的话，我会连打一场比赛的时间精力<u>都</u>（＊还）没有了。（姚明《我的世界我的梦》）

（36）她连坐花车<u>都</u>（＊还）忘了，婚礼时一边日落黄昏，一边电闪雷鸣，有 10 个朋友做见证。（电视访谈《鲁豫有约》）

（四）语句的自足性对使用"都"与"还"的影响。

"还"式连字句经常要有后续小句加以补充，后续小句往往是疑问形式，如例（37）；或者用"就（是）""只（是）""却"等副词强调说明，如例（38）。"都"式连字句对后续成分没有限制要求，如例（39）后续成分并未出现，这时用"都"不用"还"。

（37）连我自己<u>还</u>（都）没有弄明白，怎么上报呢？（1994 年报刊精选）

（38）年轻的 S 先生被吓破了胆，连秘书的椅子<u>还</u>（都）没坐热，就连滚带爬地逃离了杜伊勒利宫。[《读者》(合订本)1993]。

（39）这个政策是积极进取的，不过也很危险。假使打了败仗，连退路都(＊还)没有。(钱穆《中国历代政治得失》)

总体来说，在句法方面，连字句中"都"相对比较自由，"还"的使用受到种种限制，能用"都"的地方，不一定用"还"，用"还"的地方，大都可以用"都"来替换，下文中我们将对这种句法上的选择限制作进一步解释。

4.3.1.3　两者连用共现的情况

连字句中"都"与"还"经常连用共现，例如：

（40）我连一般针线活都还做不好，缝皮袄就更难了。(权延赤《红墙内外》)

（41）我是建交后的第二年回中国探亲跟她订的婚。那以前她连济南还都没到过。(邓友梅《兰英》)

但是两者的前后顺序有频率高低之分，在北大语料库中，"都还"161例；"还都"8例，"都"与"还"的共现顺序跟两者的语义有关。"都"的主观用法是由其"总括"义发展而来的，它与前面强调的焦点成分联系紧密，"还"的主观用法是由其"延续"义发展而来，它的作用范围是其后面的事件或状态，说明后面的事件或状态仍在延续。语气副词的共现顺序受到语义接近原则的制约①，所以在使用过程中"都还"的用法远远高于"还都"的用法。"还都"连用更多是语用上的用法，说话者需要强调某种语气，通常把表这类语气的语气词前置，如例(41)主要强调"没见过"这种状

---

① 史金生：《语气副词的范围、类别和共现顺序》，《中国语文》，2003年第1期。

态的持续。此外,有时"都""还"还可以与另一个常用副词"也"三者在一起连用,例如:

(42)是啊,连我<u>也都还</u>不能相信哪! 可是,你想想看,先寇布中将在你这种年纪的时候就在那方面屡建奇功了。(翻译作品《银河英雄传说07》)

调查发现"也""都""还"在连字句中连用共现的使用频率为:"也都">"都还">"也还">"还都">"也都还"("＞"高于),在北大语料库的连字句中没有发现其他如"都也还"等组合的用例。

4.3.2 "都"与"还"的表达共性

"都"与"还"的语义一直是汉语语法研究的热点之一。关于"都"的性质之争主要有三种观点:存在三个"都"[①];存在两个"都"[②];只有一个"都"[③]。"还"的分类主要有:《现代汉语八百词》列了"还"四大类用法[④];《现代汉语虚词词典》将"还"的用法分为五类[⑤];郭锐用框架语义法分析了"还"的 16 种用法[⑥]。张谊生和高增霞对本书的研究具有启发性。张谊生认为现代汉语中有两个"都",一个是表总括的范围副词,一个是表强调的语气副词,语气副词用法是总括用法主观化的结果[⑦]。也就是说副词"都"的

---

① 吕叔湘:《现代汉语八百词(增订本)》,商务印书馆,1999 年,第 253 页。
② 蒋静:《"都"总括全量手段的演变及其分类》,《汉语学习》,2003 年第 4 期。
③ 蒋严:《语用推理与"都"的句法语义特征》,《现代外语》,1998 年第 1 期。
④ 吕叔湘:《现代汉语八百词(增订本)》,商务印书馆,1999 年,第 252 - 254 页。
⑤ 张斌:《现代汉语虚词词典》,商务印书馆,2001 年,第 221 - 226 页。
⑥ 郭锐:《语义结构和汉语虚词语义分析》,《世界汉语教学》,2008 年第 4 期。
⑦ 张谊生:《副词"都"的语法化与主观化》,《徐州师范大学学报》,2005 年第 1 期。

基本义是表示总括。高增霞把"还"的基本义概括为"延续"，"都"与"还"的基本义不同却可以互换使用说明了两者可以出现于相似的句法语用环境①。结合副词"都"与"还"的基本义，对大量语料进行对比分析，可以看出两者的共性主要体现在以下几个方面。

（一）"都"与"还"的用法以比较为基础。

副词"都"基本义是表示总括，主观化的"都"表示"已经""甚至"义只不过是在比较基础上的一种评价与强调，例如：

（43）这都大晚上了，到处都收摊了，我到哪给你变菜去？（六六《蜗居》）

（44）中核太白股价都不到一美元?! 此时不买更待何时。（新浪网 2017-3-22）

例（43）说话者的言外之意，要是白天的话可以买到菜，大晚上的肯定没有卖菜的了。例（44）是一般所认为的"甚至"义的"都"，其实"都"在这里隐含了与说话者主观预期的比较，起到了强调的语用功能。

高增霞认为"还"的延续义可以激活时间序列、等级序列和预期序列②。其实这些序列都隐含比较，例如：

（45）虽然交了秋，天气还是不肯冷下来。（吕叔湘 1999 用例）

（46）今天比昨天还冷。（同上）

（47）亏你还是哥哥呢，也不让着妹妹。（沈家煊 2001 用例）

---

①② 高增霞：《副词"还"的基本义》，《世界汉语教学》，2002 年第 2 期。

例(45)"还"激活的是一种时间序列，是"立秋"前后天气之间的比较，比较结果是"热"的情状仍在延续，不符合现实情况。例(46)"还"用在比字句中，比较意味更明显，正如高增霞所说，"还"使所陈述的对象在程度的等级向度上进一步延伸①。例(47)是现实情况"哥哥不让着妹妹"与说话者预期"哥哥应该让着妹妹"的比较。

"都"与"还"都含有比较义，这种比较义在连字句中更为凸显，例如：

(48)对他那陈旧的住房，不少人迷惑不解："人是万物之灵，住的连猪都不如，这全国劳模对自己要求岂不太苛刻了。"(1994年报刊精选)

(49)有些蠢笨的人，连哈巴狗还不如呢。(苏雪林《棘心》)

在连字句中，这种比较更突出地体现一种级差序列(这里所说的级差序列就是前文所提的"量级序列")，级差序列包括一组语言交替形式或对比性表达形式，它们属于同一语法范畴，并且能够按照信息量或语义强度的等级排成序列②，例如：

(50)爵溪，这个15年前连温饱问题都没有解决的小镇，如今走上小康之路。(1994年报刊精选)

(51)抓了整体，而忽视了个别，这么多户连温饱问题还没有解决，怎称得上全县进入小康呢？(1994年报刊精选)

说话者认为解决温饱问题是达到小康的基本标准，从温饱问题到小康水平，说话者预设了一个量级维度，这个维度一般是符

---

① 高增霞：《副词"还"的基本义》，《世界汉语教学》，2002年第2期。
② 左思民：《级差序列用其分类和语用价值》，《长江学术》，2008年第4期。

合社会常理,说话双方的共识。我们可以设想并简单概括上面例句的量级维度为〈温饱,住房,水电气,生活质量,生活小康……〉,对于社会常理和说话者的预期而言温饱问题处于这一维度的最低端,说话者否定最小量就是否定全量,温饱问题都解决不了,更别提其他问题了。

(二)"都"与"还"同为增量副词。"都"与"还"在连字句有[＋增量]的语义共性。状态的延续及范围的总括往往会伴随着数量或程度的增加,"延续"与"总括"必然意味着量的增加,例如:

(52)国内的生活压力太大,大家都筋疲力尽,有的人连电影都不看,更别说读书了。(严歌苓《寄居者》)

(53)嘉莉意识到剧团的各个演员连台词还不一定记住了,更别说注意到细微的表情了。(翻译作品《嘉莉妹妹》)

沈家煊认为主表小句可以脱离语境单独说出,而语境小句表达的意思隐藏在上下文或语境中①。含"都""还"的小句表达的命题是主表小句,它的信息度要高于语境中已经存在的一个命题语境小句,如果把主表小句记为"p",把语境小句记为"q",p可以衍推q,而从q不能推知p,那么,p的信息度相对高于q。也就是说例(52)(53)中"有的人连电影都不看""演员连台词都记不住"的信息度要高于"更别说读书了""更别说注意到细微的表情了","都"与"还"增加了命题的信息度,它们是元语(metalanguage)增量的用法。元语是指称或描述语言的语言,如果一个语词传递的信息是关于语言本身传递信息的情况的,那么这个语词的用法就

---

① 沈家煊:《与副词"还"有关的两个句式》,《中国语文》,2001年第6期。

是它的元语用法。例句中"都"与"还"传递的是关于语境小句传递信息的情况,并认为语境小句提供的信息量不足,用"都"与"还"的主表小句来提供足量的信息。因此我们可以把"都"和"还"都视为增量副词。

(三)"都"与"还"都具有反预期的话语功能。

"都"在连字句中也表达了反预期的语用功能,上文提到"都"主观用法表达是主观极量,这种主观极量所关涉的命题是不符合言者预期的,因而传递了反预期的话语功能。根据反预期的三种类型,即与听话人预期相反、与说话人预期相反、与特定言语社会共享预期相反,同样按反预期的指向性"都"的用法也可以分为,反说话人预期,如例(54);反听话人预期,如例(55);反社会常理预期,如例(56)。

(54)连个电话都没打,还说回来接我呢,没良心的!(电影《冬至》)

(55)可是我们房价就是 330 元,您这个连房价都不够,就更别说长途电话押金了。(网络语料)

(56)今年 4 月我回去探亲,若不是遇到熟人,连家门都找不到了。(1993 年《人民日报》)

武果认为反预期是"还"主观性意义的核心,并进一步指出反预期的语用推理来源于"还"出现在说话人不期待某情状仍在持续的语境中[①]。反预期的发生是因为语境中隐含的说话人或听话人主观预期,也可能是一种客观事实或谈话双方共同认可的言

① 武果:《副词"还"的主观性用法》,《世界汉语教学》,2009 年第 3 期。

语社会的一般认识或常理,而现实中存在与预期信息相反或不一致的情形,例如:

（57）朱品在马海西的鼻子前面扇了扇:"闻到香味儿了吧,和这样的女人谈情说爱还有点意味,失魂落魄地去追什么罗莉,势利!"马海西叹了口气:"连个罗莉<u>还</u>追不着呢,更何况柳梅! 我和大哥不能比。"(陆文夫《人之窝》)

（58）镂空凤纹瓶是以镂空手法为主要特征的瓷器,镂空技术相当细腻,就连凤足上<u>还</u>镂着八个小孔。(《中国儿童百科全书》)

（59）就连星期天<u>还</u>要有半天进行训练,付出的比一般的孩子要多得多。(1994 年报刊精选)

例(57)和听话人预期相反,听话人朱品认为马海西应该去追柳梅,不应该去追罗莉,但马海西则认为如果罗莉追不到,更别提柳梅了。例(58)和说话人预期相反,说话人自认为在凤足上镂小孔难度极大甚至是项不可能完成的工作,但实际上出乎说话者的预料,凤足上镂着八个小孔。例(59)和特定言语社会共享信息也就是社会预期相反,星期天训练违反了人们普遍接受或认可的先设或常规。

在这里要说明的是,"都"与"还"反预期的话语功能,不是连字句的专属,它不是连字句构式所赋予的,在其他话语环境中,它们依然可以表达反预期,例如:

（60）小王又落榜了,<u>都</u>考了三回了!(李文浩 2010 用例)

（61）我养了很多狗,但<u>都</u>没到一年就死掉了,现在我不敢养了。(新浪网 2016-3-22)

（62）"<u>还</u>西餐呢，给你煮碗鸡蛋面就算不错了！"（迟子建《晚安玫瑰》）

（63）周瑾蓦地转身站起，举着拢子打我，我骂道："我明天<u>还</u>就偏跟你去，想不让我去都不成了。"（王朔《给我顶住》）

（四）"都"与"还"具有元语否定的功能。连字句中含"都""还"的主表小句是一种对预期的间接否定，文章开头我们提到了吕先生的一个例子"（连）小车还通不过，更别提大车了"，说话者并没有直接否定听话者的预期"大车通得过"，而是否定通过可能性大的"小车"，来间接否定通过可能性较小的"大车"，"都""还"是对预期信息的一种元语否定，再如：

（64）不少农村都被泡在洪水里，农民连饭<u>都</u>吃不上，<u>还</u>搞什么税费统筹呢？（《中国农民调查》）

（65）中国人可有把一屋子古玩送给博物院的？连窝窝头<u>还</u>吃不上，<u>还</u>买古玩，笑话！（老舍《二马》）

例句中"吃不上饭""吃不上窝窝头"传递的是"搞税费统筹""卖古玩"这种行为的不适宜的信息，属于主观性的元语否定。在例（64）（65）中后一分句也出现了"还"，并使用在疑问句和感叹句中增强了否定功能，宗守云把它视为"行域贬抑"[①]，也就是说话人认为不该有的一种行为。

"都"与"还"的主观用法是以比较为基础，同为增量副词，表达一种反预期和元语否定的语用功能，这些共性为"都"与"还"可以互换中和提供了基础。此外，对于"都"与"还"而言，比较、增

---

① 宗守云：《"还X呢"构式：行域贬抑、知域否定、言域嗔怪》，《语言教学与研究》，2016年第4期。

量、反预期以及元语否定这些共性不是孤立存在的,它们是一种诱发与被诱发的关系,如图 4-1:

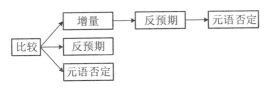

图 4-1 "还/都"各共性特征的内在联系

4.3.3 "都"与"还"的凸显差异

认知语言学的体验观认为语义结构并非直接等同于客观世界结构,而是对应于概念结构。后者与人在和客观现实互动过程中形成的身体经验、认知策略等密切相关,依赖于人的一般的认知和经验处理机制,该机制将有关联的经验组织成意向图式[①]。"都"与"还"的表达差异可以从意象图式入手,我们将"还"与"都"的意象图式直观地描述为图 4-2 与图 4-3:

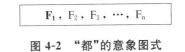

图 4-2 "都"的意象图式

图 4-3 "还"的意象图式

---

① 李文浩:《凸显观参照下"每"和"各"的语义差别及其句法验证》,《汉语学习》,2016 年第 2 期。

根据"都"与"还"的意象图式两者的凸显差异可以归纳如下。

（一）聚焦情状的延续与凸显范围中的特例

当说话者意欲凸显范围中的特例用"都"①，如上图中的加粗部分，当说话者的视角聚焦于情状的延续用"还"。我们用具体用例说明，例如：

（66）为了不让患者长时间候诊，她连中午饭都没吃，直到晚上 8 点多钟，才脱下白大褂。（1993 年《人民日报》）

（67）你看，从早上 6 点钟拍到现在一直没休息，大伙儿到现在连午饭还没吃呢。（豆豆《遥远的救世主》）

例（66）是说话者预设了一个范围，这个范围的维度包括医生会诊开始到结束可能发生的一系列的事件，比如：没吃午饭、没喝水、没休息、没接电话等。说话者认为没吃中午饭是最不可能发生的事件，所以要强调，在预期范围中"都"选择"没吃中午饭"这个更加凸显的事件作为指向目标 F1，它是最不可能发生的，如果它为真，范围内的其他事件自然也为真。例（67）说话者用"还"强调"没吃午饭"这种情状一直延续到现在，是延续状态 P，预期的终点 B 是"吃午饭的时间"。

这里要说明的是，"都"作为总括范围副词，它所量化的对象不止一个，只不过通常情况下说话者只指出了一个具有特殊性的对象而已，例如：

（68）老实说，这剧本只是一个故事提纲，连分幕、分场、动

---

① "都"凸显范围中的特例不是否定"都"表总括的基本义，例如"连老王都来了"，说话者认为"老王"很特殊，他是最不能来的，既然老王来了，那么说话者预设范围中的老李、老张、老赵都应该来。

作、对白<u>都还没有</u>的。(欧阳山《三家巷》)

　　这个句子中"都"量化的范围包括"分幕、分场、动作、对白"，这些是剧本所要具备的基本要素，如果连这些基本要素都没有就不可能称之为剧本。句子中"还"强调的是"没有"这种情状的延续。

　　(二)时体的限制与要求

　　"都"凸显范围中的特例，"还"聚焦情状的延续，"延续"必须要有时间上的参照，范围中特例的凸显则没有时体要求，就是说"还"受到时体的限制，"都"相对自由得多。上文提到"还"一般与"没"搭配使用，是因为"没"是对过程时状的否定，否定活动的实现或变化，"不"是对非过程时状的否定，否定非活动、意愿、事物的性状①。"过程"是在时间轴上的延伸与"还"的"延续"义相吻合，这也是本章例(29)不能用"还"的原因。"还"在连字句中不能与完成体标记"了"共现使用②，因为"延续"与"完成"相矛盾的，所以本章例(35)例(36)中"都"也不能用"还"替换。

　　(三)现实情态与非现实情态

　　情态在话语参与者要表达自己的观点和态度时起着重要作用，一般可分为现实情态和非现实情态，现实情态表达的是一个已经发生的真实事件，非现实情态的表达不介意事件的真实性，即是

---

① 郭锐:《过程和非过程——汉语谓词性成分的两种外在时间类型》,《中国语文》,1997年第3期。

② "还"在连字句中不能与"了"共现,但在其他句法环境中两者可共现。比如在违逆句中"我打你又怎么样? 我还就打了!"这里的"还"主观化程度比连字句中的"还"高,主要以表达语气为主。

否发生或将要发生①。经对语料调查发现，不管是"都"式连字句还是"还"式连字句，都倾向于用在否定句中，尤其是"还"极少用例是出现在肯定句中的。肯定与否定的对立跟现实与非现实的对立相关，否定行为的实质是假设与现实事件相反，否定辖域内的行为是非现实的②。比如"连饭还（都）没吃"，否定辖域内"吃"这种行为是非真实、非现实事件，说话者正是通过这种非现实情态表达来实现反预期的表达效果，因为说话者期待"吃"这种行为是现实的，与非现实形成了反差。上文中提到连字句中虽然"都"与"还"倾向于用在否定句中，但"都"在肯定句中的使用频率高于"还"，这种差异还要结合"还"延续义解释，"延续"具有未实现、非现实性特征与肯定句表达一种已实现、现实的事件行为相矛盾，而"都"是一种表总括的静态表达不受现实情态与非现实情态的约束。

4.4 "都 NP 了"与"还 NP 呢"使用差异

"都 NP 了"与"还 NP 呢"是现代汉语口语中常用的反预期构式，例如：

(69) a 你都大哥哥了，也不让着点妹妹。

　　　b 你还大哥哥呢，也不让着点妹妹。

石慧敏、吴为善认为例句中的"都 NP 了"体现说话人始料未及的语用心理，表达了一种反预期的主观评述③。郑娟曼认

---

① 曹秀玲：《"说"和"是"与关联词语组合浅谈》，《中国语文》，2012 年第 5 期。

② 张伯江：《连动式的及物性解释》，载中国语文杂志社编，《语法研究和探索（九）》，商务印书馆，2000 年，第 129－141 页。

③ 石慧敏、吴为善：《隐性语义等级序列的激活机制及其语篇整合效应》，《世界汉语教学》，2014 年第 4 期。

为例句中"还 NP 呢"是一个表达反期望信息的构式。认为新信息对于言谈参与者来说可能是其期望的,也可能是非其期望的,前者称为"期望信息",后者称为"反期望信息"①。不管是反预期还是反期望都是偏离了说话人的主观认识,从本质上讲都可以把他们看成否定的表达形式。例(69)a 与(69)b 句表达相同的意义,即在说话者看来,作为大哥哥理应让着妹妹,然而事实并非如此,表达了说话者对大哥哥不让着妹妹行为的不满。也就是说"都 NP 了"与"还 NP 呢"在例(69)这种话语场景中可以实现语义中和。

除石慧敏、吴为善与郑娟曼的研究外,李文浩从构式的角度考察了"都 NP 了",认为它是对已然事件的极性强调②。宗守云从"行、知、言"三域理论角度分析了"还 NP 呢"的具体用法③。总之,单独研究的多,分析差异的少,说它们违背了说话人的主观预期或期望很难把握两者在表达上的差异,本节在已有研究成果的基础上主要考察了三个方面的内容:一是根据两者使用的句法语义环境,得出它们实现中和的句法语义条件;二是从强调与否定、绝对主观量与相对主观量及预设的触发与"NP"的语义激活等方面,着重分析两者中和后的差异并解释为什么在某种场景中它们可以实现中和;三是分析"都""还"与"了""呢"互动的表现及容斥的动因。

---

① 郑娟曼:《所言预期与所含预期——"我说呢、我说嘛、我说吧"的用法分析》,《中国语文》,2018 年第 5 期。
② 李文浩:《作为构式的"都 X 了"及其形成机制》,《语言教学与研究》,2010 年第 5 期。
③ 宗守云:《"还 X 呢"构式:行域贬抑、知域否定、言域嗔怪》,《语言教学与研究》,2016 年第 4 期。

4.4.1　中和的句法语义条件

（一）"NP"的选择限制

从实际语料并结合已有的研究来看，"都 NP 了"与"还 NP 呢"实现中和要求"NP"一般为凸显人主体身份的名词，包括官阶、学历、社会角色等等。比如下列句子中"都 NP 了"与"还 NP 呢"可互换使用，并不影响句子真值义的表达，例如：

（70）都县长了，连最近的乡镇也没去过。（石慧敏、吴为善 2014 用例）

（71）白燕妮顿时又羞又怒，道："还县长呢，一点觉悟都没有。"（百度网 2016-10-19）

（72）都爸爸了，花这点钱都舍不得。（百度网《宝宝树》2012-05-08）

（73）哼，还妈妈呢，这么多字都不认识。（新浪微博《小虎成长日记》2012-10-17）

当"NP"表时间、年龄等相关的名词性成分，两者一般不能实现中和的，比如在下面的例句中"都 NP 了"不可以换用"还 NP 呢"。

（74）这些人，都九点多了，不老老实实在家待着。（梁晓声《冉之父》）

（75）儿子都五六岁了，竟然一个人不敢自己在房间里睡觉。（1994 年报刊精选）

（二）"行域贬抑"的语义要求

"都 NP 了"句与"还 NP 呢"句都可以表达否定的意义[①]，所

---

① 从说话者的角度，我们把反预期、反期望以及贬抑、嗔怪看成一种广义的否定表达。

以在否定意义的表达中两者可以实现中和,如例(69)—例(73)。但并不是在所有表达否定意义的语境中两者都可以实现中和,还要求它们所在句子表达"行域贬抑"的效果。"行域贬抑"是指主体表现违背了社会固有模式,"固有模式"(stereotye)又叫"定型"或刻板印象,"社会固有模式"反映了人们的正常期望,凡符合期望的可用无标记手段表现,反之,违背正常期望的,往往用转折标记或特定结构等来表现。简单地说"行域贬抑"是说话人认为"你不该这样做事"①。比如上文中的例(73)表达的是说话人认为妈妈应该认识很多字,你作为妈妈不应该这么多字都不认识。

徐赳赳认为引述性否定是较为特殊的引用和否定现象,既与句法结构有关,也与会话方式有关,引述否定的引语的形成有两个条件:已存在的话语成品及引用行为的实施②。"还 NP 呢"的另一种用法就是在应答句中具有"引述性否定"(quotative negation)的功能,实际上,也是"还 NP 呢"的元语功能。"引述性否定"表达的是"你不该这么说或不该这么认为"而不是"你不该这样做事"。此时不能使用"都 NP 了",例如:

(76)"鹅蛋脸。白里透红。"……"别编了,你以为我信? 就你那德性,除了我这么傻的谁看得上你? 还鹅蛋脸呢,有松花蛋脸的就不错了。"(王朔《无人喝彩》)

(77)箱子里有苹果,自己拿! ——还苹果呢,都烂光了!(郑娟曼 2009 用例)

---

① 宗守云:《"还 X 呢"构式:行域贬抑、知域否定、言域嗔怪》,《语言教学与研究》,2016 年第 4 期。
② 徐赳赳:《叙述文中直接引语分析》,《语言教学与研究》,1996 年第 1 期。

引语呈现时,既可以用引述动词如"说"引导,明示原说话人实施的言语行为,也可以不加引导直接呈现,例如:

(78) 老公兴奋地说:"老婆加油! 我已经能看见小宝宝的头发了!"我心想:"算了吧,还头发呢,骗谁呢!"(百度网 2013-4-18)

(79) 张无忌安慰道:"幸好你所伤不重,耳朵受了些损伤,将头发披下来盖过了,旁人瞧不见。"周芷若道:"还说头发呢,我头发也没有了。"(金庸《倚天屠龙记》)

有时引语可以不直接来源于前一句话,属转换式引述,转换式引述是指用与原述话语中某个语言单位或整个语言单位表义相似或相关的另一个表达形式作为引述成分①。如例(80)中"孩子"作为引述性成分,它是与上一句中提到的"腹部受寒最容易得不孕症"相关。例(81)中"八戒"与"师父"相关性,而"师父"来源于冯巩对周涛所说"师傅"的故意曲解。

(80) 李灵霞理直气壮:"你懂什么?! 那边特潮湿,逮哪儿坐哪儿,女同志腹部着了寒最容易得不孕症。"梧桐颇不以为然:"你对象都不知道在哪儿,还孩子呢!"(张欣《梧桐梧桐》)

(81) 周涛:别介! 师傅!

　　　冯巩:师父! 还八戒呢! 我就没有西天取经的计划! 罚款 100 没意见吧!(小品《马路情歌》)

"都 NP 了"也可以出现在应答句中,但不是表达引述性否定,并且往往要和"还 NP 呢"搭配使用,引述性否定还是由"还 NP 呢"来表达,例如:

---

① 王长武:《引述回应格式的界定及框式结构分析》,《北京教育学院学报》,2016 年第 5 期。

（82）A：你今年大三了吧？

　　B：还大三呢，都研究生了。

在应答句中"还 NP 呢"与"都 NP 了"无法实现中和，在非应答句中如果句子不是表达"行域贬抑"仍然无法实现中和，比如例（83）（84）中"比泼妇还泼""简直就是勤杂工"并不是对"大学生""主任"行为的否定，而是对主体身份的一种评价。

（83）我来也不是你请来的，这钱也是我弟弟出的，你横啥？切！还大学生呢！比泼妇还泼！"（六六《双面胶》）

（84）当其他任课老师积极准备开学后的备课时，我还在教室里忙着打扫卫生，当时我心里很不平衡：还主任呢，简直就是勤杂工。（柳州教育网 2006-5-18）

综上，我们认为当"NP"为凸显人主体身份的名词性成分且在非应答句中表行域贬抑时"都 NP 了"与"还 NP 呢"可实现语义中和。

4.4.2　两者的凸显差异

（一）强调与否定

以往对"都 NP 了"研究的重点放在"都"的意义和功能上，《现代汉语八百词》和《现代汉语词典》（第七版）将"都 NP 了"中的"都"解释为"已经"义。张谊生详细描写了"都"的主观化过程，论证了"都 NP 了"中"都"是一个强调主观情态的语气副词，不表"已经"义①，我们赞同这一观点，"都 NP 了"强调的是"NP"

---

① 张谊生：《副词"都"的语法化与主观化》，《徐州师范大学学报》，2005 年第 1 期。

主体身份的已然性,例如:

(85)你都大学生了,连一点创新意识也没有。

在"都大学生了"中"都"的作用就是使其所约束的焦点成分"大学生"置于语用量级的高端,并与量级序列其他成分进行比较,表达主观极量义,达到凸显强调的目的。语气助词"了"表示的是从无到有的变化,说明"大学生"身份的已然性,在这里需要说明的是"都 NP 了"前可以是复数主语,比如:

(86)你们都大学生了,连一点创新意识也没有。

其实不管是单数主语还是复数主语,"都 NP 了"都是对主语身份已然性的强调,徐以中、杨亦鸣认为从语用上讲"都 NP 了"中"都"总是指向其后 VP[①]。在例(86)的重音仍在"大学生"上而非重读"你们"。

《现代汉语八百词》认为"还"可以表"抑""扬"两种语气,表"扬"语气的"还"主要是表达感情为主,如例(87)前一小句表责备或讥讽,后一句用"还"进一步提供理由,因此带有"扬"的语气,之所以责备"跑不了五千米",是因为"是运动健将"。

(87)居然五千米都跑不了,还是运动健将呢。(沈家煊 2001 用例)

"还 NP 呢"中"还"所在的主表小句是对其中"NP"身份适宜性的否定,语境小句提供否定的理由[②]。如上文中提到在应答句中"还 NP 呢"的作用主要是引述性否定,那么在非应答句中,"还

---

① 徐以中、杨亦鸣:《副词"都"的主观性、客观性及语用歧义》,《语言研究》,2005 年第 3 期。

② 关于"主表小句"(Text Proposition)与"语境小句(Context Proposition)"参看上文第 93 页的表述。

NP呢"可以理解为对预设的否定,说话人心中已有衡量"NP"标尺,这个标尺一般为共知的世界知识,当说话人认为没有达到这个标准时,就会用"还NP呢"对"NP"主体身份进行否定,这和它引述性否定功能具有相通性,只不过一个直接来源于上文语境,一个来源于参与者的共有知识①。"还 NP 呢"依存的语境小句可以是说明否定的缘由,此时和"都 NP 了"可以实现中和如例(88),也可以是对否定的进一步加强如例(89)。

(88)孙丽白眼一翻:"还局长呢! 说话那么没水平! 庸俗!"(屏阳《省城行》)

(89)这人,搓个澡都舍不得,还局长呢,整个一农民工!"(人民网《追记黑龙江省优秀共产党员、宝清县政协副主席于海河》2014-2-17)

例(88)(89)中"还局长呢"都是对"局长"身份适宜性的否定,认为不符合人们对局长的认识。之所以说"还 NP 呢"具有否定功能是因为该构式来源于反问句,宗守云论证了表消极义"还 X 呢"构式来源的同一性,即都来源于反问句②,吕叔湘指出反诘实在是否定的方式:反诘句里没有否定词,这句话的用意就在否定,反诘句里有否定词,这句话的用意就在肯定③。我们可以把"都 NP 了"与"还 NP 呢"所在的主表小句以及它们各自所依存的语境小句的功能归纳如表 4-2:

---

① 方梅:《负面评价表达的规约化》,《中国语文》,2017 年第 2 期。

② 宗守云:《"还 X 呢"构式:行域贬抑、知域否定、言域嗔怪》,《语言教学与研究》,2016 年第 4 期。

③ 吕叔湘:《中国文法要略》(增订本),商务印书馆,2014 年,第 290 页。

表 4-2 "都 NP 了"与"还 NP 呢"中主表小句与语境小句的功能

	主表小句	语境小句
"都 NP 了"句	强调"NP"主体身份的已然性	事件或行为与主体身份不符
"还 NP 呢"句	否定"NP"主体身份的适宜性	说明缘由

（二）绝对主观量与相对主观量

王力在提及无所比较，但泛言程度者，叫绝对程度副词，凡有所比较者，叫作相对的程度副词①。绝对程度副词并非没有比较对象，它是与思想上的属性概念本身即对概念的经验性的主观理解相比较而体现出来的程度差别，如"有点、很、非常、极其、太"等②。结合前人对程度副词的分类方法，我们认为主观量同样也可以根据比较参照项的不同分出绝对主观量和相对主观量。

沈家煊认为"还 NP 呢"中的"还"是增量副词，说话人用"还"来表明对已知命题的主观态度，并认为这个命题的信息量不足，用"还"来补足信息量③。其实"都 NP 了"中"都"也可以归为增量副词，因为它也起表明主观态度，增加命题信息量的作用，前文已有论述。增量是主观量的一种表达方式，"都""还"所参与的构式"都 NP 了"与"还 NP 呢"在表达的主观量方面存有差异，"都 NP 了"表达的是绝对主观量，"还 NP 呢"表达的是相对主观量。"都 NP 了"起强调作用的参照对比项是说话者对概念经验性的主观理解，例如：

---

① 王力：《中国现代语法》，商务印书馆，1985 年，第 131-132 页。
② 张桂宾：《相对程度副词与绝对程度副词》，《华东师范大学学报（哲学社会科学版）》，1997 年第 2 期。
③ 沈家煊：《与副词"还"有关的两个句式》，《中国语文》，2001 年第 6 期。

（90）林小枫的声音由门里头传来："当当，<u>都几点了</u>，怎么还不睡！"（王海鸰《中国式离婚》）

（91）"杨妈，瞧您扯哪儿去了！"金秀望着杨妈，强笑着说，"<u>我都这么大个人了</u>，这道理还用您讲吗？"（陈建功、赵大年《皇城根》）

"都 NP 了"在例（90）中强调时间非常晚，即使我们换成确切的时间点如"都十二点了"也很难说是说话者经过与时间序列上的某个时间点做比较后才表达时间晚的，因为任何时间点在用于类似例（90）的话语场景中都是强调时间非常晚。同样例（91）"都这么大个人了"表达了说话者认为您年龄大了，不用再给您讲这样的道理，说话者只关心您现在的年龄状态不会与您"十岁""二十岁"时相比较，即使把"都这么大个人了"换成"都二十岁的人了"也是说明到了足以明白道理的年龄了。再看与"还 NP 呢"语义中和的用例，如例（92）：

（92）<u>都大姑娘了</u>，连化个妆也不会。

我们认为例（92）中"都大姑娘了"仍然表达的是说话者对现在"大姑娘"这种已然身份的强调。对说话者来说他并不会关心你婴儿还是小姑娘，你目前身份是大姑娘，理应会化妆。李文浩认为"都 NP 了"是对已然事件的极性强调①。强调不需要一个明确的参照对比项，它表达的是与现时相关的一种情状，所以我们把它表达的主观量称为绝对主观量。在这里要说明的是"都 NP 了"主要起强调功能，表达的是绝对主观量并不代表它所依存的

---

① 李文浩：《作为构式的"都 X 了"及其形成机制》，《语言教学与研究》，2010 年第 5 期。

语境小句表达主观量没有具体参照。"还 NP 呢"是对"NP"的否定，否定必然需要一个否定对象。试比较以下用例：

（93）a 都三天了，小王还没回来。

　　　b 还三天呢，五天小王都回不来。

例（93）a 表达的是"小王没回来已经三天了"，与现时相关的已然事件，不需要经过一番比较得出。而例（93）b 中"还 NP 呢"需要借助 NP"三天"作为参照对比项来表达主观情感。例（92）我们也可以说"还大姑娘呢，连化个妆也不会"。表达的是说话人以大姑娘的社会评价标准为参照对比项，并对"大姑娘"的身份进行否定。

"都 NP 了"表达绝对主观量，"还 NP 呢"表达相对主观量，与副词"都""还"自身的语义密切相关。"都"的基本义表示总括，"还"的基本义表"延续"，我们赞同"都""还"的主观用法是其基本义的派生或语境变体，这样就避免了众多语义带来的困扰，也是语法研究中"能简则简，分清主次"的体现。由"总括"所派生的主观性，并不需要选取对比参照的对象，只需要聚焦并凸显范围中的特例，达到极性强调的目的。而"延续"必然有"延续"的参照对象，这个延续的参照点可以是预期的终点，如果说话者认为不期待的某情状仍在延续就会产生反预期的表达效果①。"都"表示绝对主观量，"还"表示相对主观量在其他构式中也能得到体现，如在比较句中"都"后不能跟确切数量成分，"还"后可以，例如：

---

① 武果：《副词"还"的主观性用法》，《世界汉语教学》，2009 年第 3 期。

（94）＊a 小王比小李都高两公分。

　　　b 小王比小李还高两公分。

（三）预设的触发与"NP"的语义激活

　　预设是人们交际过程中隐含在话语背后的双方共同接受的信息、事实或命题，它是进行交际的先行条件，它往往通过特定的词或句法结构来体现，这些具有预设潜质的词或结构被称为预设触发语（presupposition trigger），预设触发语具有主观性、共知性和规约性等特点①，"都 NP 了"与"还 NP 呢"是具备预设潜质的结构，可以把它们看作预设触发语。

　　在"都 NP 了"中"都"触发的是"已然事件达到较高程度"②整个"都 NP 了"所触发的预设为：处在"NP"的位置上应该发生某种事件或实施某种行为。"还 NP 呢"所触发的预设是"NP"的适宜性。根据"情景衍推"（pragmatic entailment），可以用三段式结构来描述例（95）所表达的内在意义。

（95）a 你都博士了，连这道题也不会做。

　　　b 你还博士呢，连这道题也不会做。

情景推衍（95a）：　　　　　情景推衍（95b）③：

预设：博士应该会做这道题　　预设：博士应该会做这道题

事实：你是博士，你不会做。　事实：你是博士，你不会做。

推论：你不符合博士的标准。　推论：你不配做博士。

　　例（95）a 与例（95）b 所触发的预设和实际情况都是相同的，

---

① 季安锋：《预设触发语研究》，南开大学博士学位论文，2009 年，第 37 - 38 页。

② 这里所说的"较高程度"是说话者表达语用量上的高程度，当"NP"处于序列的起始端也可以表达较高的语用量级。

③ 邓川林：《语用量级与句尾"了"的成句条件》，《语言科学》，2015 年第 2 期。

所以"都 NP 了"与"还 NP 呢"会在这种话语场景实现语义中和。推论结果反映了"都 NP 了"与"还 NP 呢"所触发预设的差异。不符合主体身份的标准,是没达到要求并不是否定,而"不配"则是对主体身份的直接否定。

"都 NP 了"与"还 NP 呢"中和的情况下,"NP"一般是表达与人的身份有关的名词性成分,比如:官阶、学历等,这些"NP"可以激活一个语义等级序列,石慧敏、吴为善把"NP"激活语义等级序列称之为隐性等级序列,并认为具有某类身份的人必然要表现出与自身相匹配的某种状态,一旦说话者认为偏离了所匹配的状态,就会对"NP"的行为状态质疑①。"与自身相匹配的某种状态"是人们的规约性认识,也是上文所提及的"社会固有模式"。比如例(95)"博士"激活了一个学位的序列,作为博士在这个序列上学位最高,是最应该会做这道题的,位于序列初始端的名词性成分有所限制的,比如除非在特定的语境下,类似下列用例一般不会使用:

(96) ＊都小孩了,这个问题也不会。

(97) ＊还小孩呢,这个问题也不会。

我们认为处于序列初始端的名词性成分能不能用,不是取决于"都 NP 了"与"还 NP 呢",而是要看依存小句所要表达的意思。例(96)(97)在人们的共识中"小孩"会问题的可能性低,所以这两个例句可接受度比较低。

---

① 石慧敏、吴为善:《隐性语义等级序列的激活机制及其语篇整合效应》,《世界汉语教学》,2014 年第 4 期。

4.4.3 "都/还"与"了/呢"的互动与容斥

在表达行域贬抑的构式义时"都 NP 了"与"还 NP 呢"中"了""呢"都是不可或缺的,"了"表达的是行为或状态已经成为事实①,没有"都"不会引发对这一事实的强调凸显,强调的目的是提请听话人注意,强调就是互动的过程。"呢"凸显了"还"的主观性,在交谈中,"呢"具有提醒的语气功能(其实也是互动功能),提醒听话人注意与交谈有关的已然事实或事态,这种事实或事态是与预期相悖的,因为预期之内的事情不需要提醒,因此"呢"的话语功能与"还"的反预期功能相辅相成,它们出现的语境有极高的相容性。但是我们不能说"还 NP 了",例如"还大姑娘了",因为副词"还"的基本义表延续,"延续"与表"已然事件"的"了"相矛盾②,所以"还"往往排斥"了",主观用法是客观用法的语境变体,所以主观用法的"还"一般也不能与"了"兼容,时体限制在其他相关用法的句子的中也是一样,比如上文中提到连字句中"还"不与句末语气助词"了"搭配使用。

我们赞同任鹰③的观点,认为"呢"的基本功能和主要含义是确认及申明,提醒听话人注意某一事态,"持续义"是其与语境互动的结果,是一种浮现意义,它与基本义表延续"还"的配合使用就很好体现了这一点。"都"能否与"呢"兼容,主要要看"都"主观性的强弱,主观性越强与"呢"的兼容的可能性越低。

(98) 听说南栅的聚隆,西栅的和源,<u>都</u>不稳<u>呢</u>!(茅盾《林家

---

① 卢英顺:《从凸显看"了"的语法意义问题》,《汉语学习》,2012 年第 2 期。
② 在违逆句中如"我打你又怎么样? 我还偏就打了!"这里的"还"表达违逆的语气,虽然句中有"了",但句子所表达的事件并非是已然事件。
③ 任鹰:《语气词"呢"的功能及来源再议》,《语言教学与研究》,2017 年第 5 期。

铺子》)

（99）她打破了沉默说，其实我这要求有点儿无礼，您连我叫什么名字<u>都</u>不知道呢，我有什么权利给您提这种要求？（铁凝《大浴女》)

例(98)有明确的总括对象，"都"的客观性最强。连字句可以激活"都"的总括对象，比如例(99)"都"的总括范围是由个人基本信息所组成，连字句通过标举范围中的极性成员从而表达全称意义，"叫什么名字"是人们最应该知道的，"叫什么名字"都不知道，那么其他诸如"住在哪里""从事什么工作"等就更不知道了。"都NP了"中主观性"都"的主观性强弱也要考虑"都"的总括范围是否出现或者可以被激活。比如我们可以说"你们都（是）大姑娘呢，不能以身犯险"。因为"都"的客观性强，"你都大姑娘呢"之所以不能说是因为"都"主观性最强，主要表强调的语气，"呢"是表申明的语气词两者不宜搭配使用。

4.5　本章小结

本章在论证"增量"与反预期关联基础上，考察增量副词"都"的量级含义与反预期的浮现，并将其与另一增量语气副词"还"在相关构式中的对立与中和的现象进行对比研究。

主要结论：(1)当量的增加超过了说话者的期待量或者说预期量时就会与反预期产生了关联。(2)作为量级算子的"都"把焦点成分置于量级序列极端（最高端或最低端），这个量级序列是根据人的主观经验或常规建立起来的，并把焦点成分与序列上其他成分进行比较，得出可能性低的命题，从而表达反预期的话语功能。(3)同为增量副词的"还"与"都"隐含比较义并且具有反预期和元语否定的语用功能,连字句为两者提供了中和的土壤。对立是因为两者的基本义不同必然体现某种差异,连字句中"都"聚焦于范围中特例的凸显,"还"聚焦于情状的延续,"延续"是过程性的,必然要有时体参照,并且是非现实的,"范围中特例的凸显"不受时体约束,这就造成了"都"与"还"在连字句中中和的参差局面。这种差异可在句法上得到有效验证,体现在与"了""没""不"的共现使用以及对肯定与否定选择使用等方面。(4)"都NP了"与"还NP呢"是两个不同的构式,但当"NP"表与人主体身份有关的名词性成分时,在非应答句中两者都可以表达"行域贬抑"的构式义,实现语义中和,这反映了人们对同一情景不同的认知识解方式。之所以可以实现语义中和主要是因为它们所在的整个句子可以触发相同的预设。两者的主要差异体现在"都NP了"强调"NP"主体身份的已然性,表达的是绝对主观量。"还NP呢"否定"NP"主体身份的适宜性,表达的是相对主观量。

研究启示:(1)多功能语气副词如"总""也""又"等既可以表示一般增量又可以表示元语增量,它们的量级含义与反预期的表达也是密切关联的,可以从语用量级的角度作相似分析。(2)认知语言学认为人们为了思维和表达的需要具有采用不同方式感知和描述同一场景的识解(construal)能力[1],一个特殊的情景可以用不同的方式去观察,造成了不同的语气副词对立中和的现象。"都""还"除了在连字句和"都NP了"与"还NP呢"可以实

---

[1]　文旭:《语言的认知基础》,科学出版社,2016年,第89页。

现语义中和外,在比字句中,如"今天比昨天都(还)冷";前为数量成分的句子中,如"五个馒头都(还)吃不饱",也可以实现中和。此外,"也"与"都"在连字句中,如"连星期天也(都)上班";在任指句中,如"什么也(都)不知道";在谓词拷贝句中如,"想也(都)不敢想"等也可以实现语义中和,它们的凸显差异也可参照文章对"都""还"的分析作相似的思考。

第五章 主观小量类语气 副词反预期的浮现

5.1 引言

量的增减是量的计算过程,量的大小是量的计算结果,超过说话者预期的主观大量,低于预期的主观小量,都不符合人们"理想化的认知模型",具有较低的情理值,从而产生反预期的话语功能,第四章提到"过犹不及"和"少则不够"都是不符合预期的。在现代汉语中常见的表主观小量的副词有范围副词"只、仅、仅仅、不过";时间副词"刚、刚刚"等,此外,张谊生还指出否定副词"没""不"表示的是减量强调,如"没几天""不一会儿"①。学界探讨最多的是"就""才"的主观量问题。本章在已有研究成果的基础上,以语气副词"就"的小量义、排他性为例,探讨其在话语场景的反预期表达。

现代汉语中副词"就"经常用在表达反预期的话语场景中,

---

① 张谊生:《试论主观量标记"没"、"不"、"好"》,《中国语文》,2006 年第 2 期。

例如：

（1）就你！还好意思说我！你自己丈夫生病了，叫你卖房子还不舍得，别说那房子也有你丈夫一半的钱。（六六《双面胶》）

（2）圆圆：妈，今天演出都谁去？全是大腕儿吧。和平：也就那么回事，也就是阿敏阿玉阿英，阿东阿欢阿庆，说相声的阿昆阿巩阿侯。（电视电影《我爱我家》）

（3）女儿暴跳如雷："我就要去，看你能怎么样！"（冯德全《这样说孩子最能接受》）

（4）和平：我就知道你这病，三分病七分装，你要真痛你敢上医院打针去么？敢么？圆圆：……去就去，为了你我什么苦不能吃啊？（电视电影《我爱我家》）

例（1）"就"与人称代词连用，可以看为一个贬抑性构式，它来源于反问句，胡德明认为"就"与反问句是有关联的，原因是"就"可以表示绝对或极端的说法，或表"竟然、偏偏"是与反问句的语用含义相吻合的①，但未进一步说明"就"为何具有绝对或极端的说法以及为什么"就"会有"竟然""偏偏"义。例（2）"就"与语气副词"也"连用，在会话语境中违反了听者的预期。例（3）是"就"在拂逆句中的用例，"拂逆"是违背，不顺从，是对意愿的违逆，一般是对听者意愿的拂逆，也是不符合预期的。例（4）中"X 就 X"学界把它看为回声拷贝结构②或者引述回应格式③，"X 就 X"格式涉及与其相关的命题在某种会话语境可以表达反预期的话语

---

① 胡德明：《"就"与反问句关联的理据》，《汉语学报》，2005 年第 4 期。
② 王灿龙：《现代汉语回声拷贝结构分析》，《汉语学习》，2002 年第 6 期。
③ 王长武：《引述回应格式"X 就 X"论析》，《新疆大学学报（哲学·人文社会科学版）》，2016 年第 2 期。

功能,如在例(4)中和平认为圆圆"三分病七分装"根本不是真痛,不敢上医院。圆圆的回复却是"去就去",违反了和平的预期。"X就X"还可以加上"了""吧""呗"等语气词,吕叔湘认为表达的是容忍和无所谓的态度①,句子表达了反预期的话语功能,例如:

(5) <u>死就死了</u>! 怕什么,拿出军人的样子来! (普希金《上尉的女儿》)

(6) <u>去就去吧</u>,还非把小于也带去,说是路上照顾她,摆什么谱啊,把我一人儿撂家里谁照顾我啊。(电视电影《我爱我家》)

(7) <u>来就来呗</u>,你还以为他算个人物啊。(张炜《你在高原》)

"就"具有强调功能得到了学界的共识,如"就"可以强调短时内即将发生或很久以前已经发生,强调数量多寡,也可以加强肯定等②。但我们不能笼统地说"就"在反预期的表达是强调,本章在寻求"就"与反预期表达关联理据的基础上,用具体实例分析语言现象,解释反预期的产生,主要涉及以下四个方面的内容:"就"的小量义与排他性;小量义、排他性与反预期的浮现;拂逆句中"就"的反预期的体现及与"偏""硬"的用法差异;从"就"与回应拷贝格式"X就X"的互动看格式的预期否定。

5.2　副词"就"的小量义与排他性

5.2.1　已有的研究成果

陆丙甫整合了"就"的各个义项并认为"就"的基本作用是限制范围,有强调"少量"的语气,如时间上的早、快,空间上的近,

---

① 吕叔湘:《现代汉语八百词(增订本)》,商务印书馆,1999 年,第 318 页。
② 吕叔湘:《现代汉语八百词(增订本)》,商务印书馆,1999 年,第 315 - 316 页。

推理上的直截了当,意志上的说一不二等①。白梅丽指出"才"与"就"对立的情况下,"就"表示正的或标志增值,负载增多的语义值②。陈小荷首先提出的主观量的概念,同时指出"就"不论前指还是后指都表示主观小量③。张旭认为当实际语境的语义值低于预设语境的语义值时用"就"④。李宇明认为如果"就"前面出现了限定范围的词语,特别是表范围小的词语,以及表时间短或不经意之类的词语时,"就"后面的量也可以是主观大量⑤。周守晋认为现代汉语副词"就"表达结构中的主观量,实际上是"起点化"或"终点化"的语义关联成分,"就"的基本语义、语义指向以及表达功能建立在[+起点]←就(达成)/就→达成[+终点]之上的⑥。陈立民认为"就"表示实际偏离预期,即实际在时间上先于预期,或者在数量上少于预期⑦。金立鑫、杜家俊采用实验的方法,证明了在最简结构中表达的意义是"主观少量"和"为实现短时将来",在"X 就 Y 了"中可以用"低就高了"作统一解释⑧,也就是说"就"前面成分为表示低量,后面成分表示高量,如"七点就起床了"表达是"七点"早于应该起床的时间;"起床就七点了"表达起床的时间应该早于七点,都是"前低后高"。

---

① 陆丙甫:《副词"就"的义项分合问题》,《汉语学习》,1984 年第 1 期。

② 白梅丽:《现代汉语中"就"和"才"的语义分析》,《中国语文》,1987 年第 5 期。

③ 陈小荷:《主观量问题初探:兼谈副词"就"、"才"、"都"》,《世界汉语教学》,1994 年第 4 期。

④ 张旭:《估价副词"就"和"才"的语用分析》,《天津师范大学学报》,1999 年第 2 期。

⑤ 李宇明:《汉语量范畴研究》,华中师范大学出版社,2000 年,第 123 - 124 页。

⑥ 周守晋:《"主观量"的语义信息特征与"就"、"才"的语义》,《北京大学学报(哲学社会科学版)》,2004 年第 3 期。

⑦ 陈立民:《也说"就"和"才"》,《当代语言学》,2005 年第 1 期。

⑧ 金立鑫、杜家俊:《"就"与"才"主观量对比研究》,《语言科学》,2013 年第 3 期。

5.2.2　小量义与排他性

从以往的研究可以看出，大部分学者主张副词"就"表达的是小量义，因为表小量与其语义的引申发展一脉相承，《说文解字》上对"就"的解释为"就，高也。从京，从尤"①。可见"就"的本义是表示"到高处去住"，后来引申为"趋近、完成"，这可以认为"就"是空间移位的行为动词，空间上距离的缩短到数量的"少"，时间的"短"或"早"，伴随着认知域从"行"域到"知"域的转移。"就"的这种语义引申是隐喻机制在起作用，隐喻是一种认知方式，它是用一个具体的概念来理解一个抽象的概念，也就是从一个认知域到另一个认知域的投射，"知"的概念比"行"的概念更加抽象，因此经常会用前者隐喻后者。

有时"就"后面的数量成分往往表示主观大量，例如：

（8）两个人就喝了十瓶汽水。

（9）十个人就喝两瓶汽水。

（10）一共三杯，我就喝了两杯。

陈小荷认为"两个人就喝了十瓶汽水"这样的句子"就"后虽有数量词，但重音一般都会在"就"的前面，"就"只表示前面数量词语的主观小量，后面的数量词虽言多但不是由"就"直接决定的而是由于前后对比才显示出来的②。在"十个人就喝两瓶汽水"中说话者重点强调的两瓶汽水数量少。潘海峰也认为"就"只表示主观小量义③，例（10）这个句子强调的是主语"我"，句子的主

---

① 许慎：《说文解字》，中华书局，1963 年，第 111 页。
② 陈小荷：《主观量问题初探：兼谈副词"就""才""都"》，《世界汉语教学》，1994 年第 4 期。
③ 潘海峰：《汉语副词的主观性与主观化研究》，同济大学出版社，2017 年，第 212 页。

语"我"具有小量义或始元义。李宇明认为当"就"前为限制性范围副词"就"后的量为大量,但是"就"所强调的焦点仍是其前面的成分①,例如:

(11)这次敌人来,全村光粮食就损失了五十来石,还有六条牛,四条驴,连上房子家具,零零碎碎总共加起来,少说也有几十万。(马烽《吕梁英雄传》)

(12)战略战术计划的制定十分谨慎,异常周密,仅写成的文字就达数万页,绘制的地图和示意图多达数千张。(沈永兴《二战全景纪实》)

Rooth 提出焦点的选项语义学理论,把焦点定义为选项的集合②,例(11)的焦点选项集合{……,粮食,六条牛,四条驴,房子家具,……};例(12)的焦点选项集合可认为{……,写成的文字,绘制的地图,绘制的示意图,……},而"就"主要是强调选项集合中"粮食""写成的文字"。也就是说在使用"就"时排除了的其他选项,"就"在表示小量的同时具有排他性。蒋静忠、魏红华把"就"看作一个焦点敏感算子,根据焦点的选项语义学理论指出"就"的两个语义功能,一是使焦点引出的选项集合变成一个有序集合,肯定焦点以及焦点蕴含的选项,排斥焦点不蕴含的选项,并使焦点选项带上主观小量义,二是从选项中选取其一,排斥其他,具体如下③:

---

① 李宇明:《汉语量范畴研究》,2000 年,第 123 - 124 页。
② Rooth, M. *Association with Focus*. Ph. D. dissertation. Amherst: University of Massachusetts, 1985.
③ 蒋静忠、魏红华:《焦点敏感算子"才"和"就"后指的语义差异》,《语言研究》,2010 年第 4 期。

"就"的功能一：{**X1，X2，X3，X4，X5**，X6，……}（汽水就五瓶，多了没有）

"就"的功能二：{X1，X2，X3，X4，**X5**，X6，……}（这地就产煤，不产别的矿物）

以上用例可以认为通过对范围副词"就"重读来加强语气进行强调，一旦范围副词"就"带上说话人的主观情感，范围副词就可兼表语气，所以是范围副词还是语气副词需根据语境具体分析。

5.2.3　小量义、排他性与反预期

上一章提到，"都"作为一个量级算子是其所在命题表达反预期重要因素，"就"所在命题表达反预期也是与语用量级密切相关，只不过"都"表达的主观极性义，"就"表达的是主观小量义。"就"关联焦点项成分位于语用量级的低端，言者认为与其相关命题成立的可能性最低，这个可能性低的命题如果成立，那么自然也就产生了反预期，以"就＋人称代词＋X"格式为例说明。"就＋人称代词＋X"表达反预期的用法经历了主观化的过程，"就"也由范围副词成了语气副词，例如：

（13）就她会做出你说的那种缺德事儿，真是！（叶楠《祝你运气好》）

（14）就她那么个娘们儿，也值当我去死？值当我去掉两只手？（刘心武《小墩子》）

（15）她？就她？你也太小瞧我贾志新了吧？谁正眼儿瞧过她呀！（电视电影《我爱我家》）

例(13)中"就"为范围副词,说话人认为能做出这种缺德事儿的人,除了"她"没有别人。例(14)(15)中的"就"为语气副词,两句的区别在于,例(14)后面出现对"她"的主观贬抑性评价成分"那么个娘们儿","娘们儿"是对女性的贬抑性称代,前面再加上修饰语"那么个"这种消极评价更加明显,因为在现代汉语中"这(那)+名词性成分"具有负面评价的社会规约义。例(15)中说话者对"她"的评价成分并未直接出现,但我们仍然可知整个句子就是对"她"的否定。

范围副词"就"是以具体的人或物为比较对象从而选择焦点项排除焦点外的其他选项,语气副词"就"是以"理想化认知模型"为比较基点,来选取焦点项,从而强调焦点项所具有的特征。"理想化认知模型"是人们在认识事物的过程中所形成的统一的、理性化的及常规化的概念①,它是以人们的认知经验为基础,语气副词"就"没有明确的比较对象,如例(14)当言者说出"就她那么个娘们"时无意与其他具体某个人进行比较,只是说明"她"的行为不符合自己的认知期待,言者之所以作出这样的判断就是基于理想化的认知。

不可否认,"就"后成分也可以是肯定性成分,但经过对语料的考察就会发现,此时的"就"字句有具体的焦点选项集,包括表达否定的反语用法,例如:

(16) 你来了就好。他们都不听我的,就你心好。(毕淑敏《预约死亡》)

---

① Lakoff, G. *Woman*, *Fire and Dangerous Things*: *what categories reveal about the mind*. Chicago: University of Chicago Press, 1987:284.

（17）我看咱们分场，噢，不，咱们半截河农场的知青，<u>就</u>你最行。（张抗抗《隐形伴侣》）

（18）宋思明："奇怪，一个女孩子，怎么喜欢吃这么野蛮的东西。"海藻白了他一眼说："老土。<u>就</u>你文明。这多好吃啊！像豆腐一样的绵滑。"（六六《蜗居》）

（19）这家里好像就你能，<u>就</u>你是个人物！才十三岁就像个小妈似的，滚一边去！（池莉《你是一条河》）

以上用例中"就"相当于"只有"的用法，具有排除其他选项的小量义。"就"是表达赞扬的肯定义，如例（16）（17），还是怨责进而试图制止某种说法或行为的否定义，如例（18）（19），在于话语双方的互动推理。在交际互动的过程中既偏离了言者预期，也偏离了听者预期，如图 5-1：

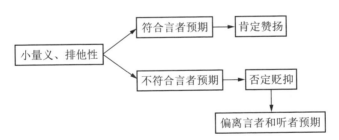

图 5-1 "就"的小量义、排他性与预期的关系

"就"具有小量义、排他性，尤其体现在其作为范围副词用法上，用法相当于"只有"，"就"语气副词用法经历了主观化的过程，脱离不了它表"小量"的核心语义，例如：

（20）"我觉得我都成女流氓了。""你见过女流氓吗？你最多<u>也就</u>算个逆来顺受的地主丫环。"（王朔《过把瘾就死》）

（21）你以为老子真的就是个一般犯人？你算是个什么东西,充其量<u>不</u>也<u>就</u>是个小小的管理员？（张平《十面埋伏》）

例句中"也"表强调起到加强语气的作用,可以删去不影响句子的真值义,"就"约束后面焦点"逆来顺受的地主丫头""小小的管理员"并把它们置于语用量级的最低点,例（20）（21）的量级推理可以描述如下:

事理:焦点项为低命题（地主的丫环不能成为女流氓/小小的管理员不该批评我）

事实:焦点项成立（地主的丫环成为女流氓/小小的管理员批评我）

推论:较高命题更应该成立（人人都能成为流氓/所有人都可以批评我）

这个推论既不符合言者的认知,也不符合人们对常规的认识,违反了社会固有模式,因此也就体现了反预期的话语功能。

5.3 拂逆句中的"就"及与"偏""硬"的用法差异

5.3.1 拂逆句中的"就"

拂逆句是违背意愿的句子,在言语交际中最常见的是违背听话人的意愿,也可以违背说话人的意愿,也可以违背第三者的意愿,违背意愿表达的就是反预期。"就"在拂逆句中的功能看似与其小量义与排他性关系不大,但仔细分析也会发现其内在联系。例如:

（22）傅老:啊,又有什么消息,说说么。

　　　和平:我<u>就</u>不说,<u>就</u>不说,就不告诉您。（电视电影《我

爱我家》）

（23）老郑（递烟）：哎，你戒了三天烟，还能站着跟我说话这就是证据。

　　　　傅老：你戒了三天酒还能够自己走到我家里来也根本不可能，把你的破烟拿走，告诉你老子今天还<u>就</u>不破这个戒了，想让我上钩，没门儿！（同上）

"就"在拂逆句中，不是处于话轮的起始位置，而是处于引入的话题之后的位置，"就"对这一话题进行提取并加以强调。按照周守晋的观点，"就"前后成分分别是心理预期维度上的起点和终点①。例（22）中傅老的心理预期是"和平说说新的消息给他听"这也就是和平应答过程中的起点，和平根据傅老的预期用"就不说"来排除傅老的预期，使之成为言语场景中心理预期维度上的终点。在拂逆句中说话者用"就（不）X"排斥听话者心理预期维度上的任何其他选项，表明了说话者坚决的态度。

5.3.2　与"偏""硬"的用法差异

杜道流对拂逆句中"还"的研究具有启发性②，他认为"还"是一个拂逆标记，但仍然有可待商榷的地方，如文中所举例句如果去掉"还"句子仍然可认为是拂逆句。

（24）姐想通了！离婚！姐<u>还</u>不伺候你们了！（引自杜道流2014 用例）

---

① 周守晋：《"主观量"的语义信息特征与"就"、"才"的语义》，《北京大学学报（哲学社会科学版）》，2004 年第 3 期。
② 杜道流：《拂逆句中的语气副词"还"》，《汉语学习》，2014 年第 3 期。

（25）我还就跑这发帖了，我还就说他们无能了，咋的吧。
（同上）

（26）痘痘不能挤，我还偏挤了，皮肤好了！（同上）

例（24）拂逆的表达跟"不"有关，因为否定副词本身就可以表达拂逆语气，再如：

（27）我不要托派妈妈，我不要，我不要啊！（王蒙《恋爱的季节》）

（28）我不让他去，他非要去。（引自吕叔湘1980用例）

在例（25）例（26）中"就"与"偏"所传达拂逆语气更加明显，如果去掉"就""偏"句子是不合法的。除了"不""非"外，"就""偏""硬"等也可以用于拂逆句中加强违逆口气，我们可以把它们看作表示逆转态的语气副词，"逆转态"是由于说话者对某种情况或现象的主观否定，因此而形成的对立或转折①，例如：

（29）外商说："该项目报纸已公告不收了，怎么还收？"征收者说："我就收，你能怎么样！"（1996年《人民日报》）

（30）冯老兰说："你说是两回事，我偏说是一回事。（梁斌《红旗谱》）

（31）傍晚放学，妈又让我洗头，我硬不洗。（枫雨《童年》）

虽说三者都可以用于拂逆句，但在对北京大学语料库及国家语委语料库中拂逆句的调查基础上，就会发现它们在具体的使用过程中具有不同的倾向性②。

---

① 张谊生：《现代汉语副词研究》，商务印书馆，2014年，第62页。
② 本章节的语料来源于北京大学语料库及国家语委语料库，因为所选语料的范围限制，只能反映"就""偏""硬"在拂逆句句法表现的倾向性。

5.3.2.1 句法的选择与限制

（一）对主语的选择

从拂逆的对象来说，可以分为拂逆听话者的意愿，拂逆说话者的意愿，拂逆话语双方以外的其他人的意愿。"偏"不受主语人称的限制，三种拂逆形式都可以使用，它是典型的拂逆标记，我们在北大语料库中没有发现"就"前主语除第一人称代词以外，其他如第二、第三人称代词或其他名词性成分表拂逆的用法。例如：

（32）"你管不着！"马威的话更难听。"我**偏**（就）要管！"李子荣说完嘻嘻地一笑。（老舍《二马》）

（33）叫你别让他们过来，你**偏**（＊就）要让他们过来见我。（余华《活着》）

（34）这个家庭中柔弱的幼子，这个平时对父母恭敬孝顺的王惠然，这一次居然敢造反，敢违抗父母之命，不让他"下海"，他**偏**（＊就）下海！（相朴《太阳，你什么时候欠起脚跟》）

这说明"就"大多数用法是在即时对话中违逆听者的意愿，并且违逆行为并没有真正付诸行动，属于未然事件。"硬"则不同，它所在的拂逆句中，一般是表达拂逆他人意愿，如例（36）（37），拂逆自己意愿的在语料库中只发现1例，如例（35），且违逆行为一般已经发生，属于已然事件。例如：

（35）我**硬**要你们回故乡去，你们却是不肯。那一晚我骂了一阵，已经是朦胧地想睡。（郁达夫《莺萝行》）

（36）1992年4月30日，医生发现你便血严重，让你住院，你**硬**是不肯。（1994年报刊精选）

（37）我还记得分手的那夜情景：他硬要我先走，我不愿先走。（三毛《我的婚姻》）

（二）带"不"单独使用

在拂逆句中"就""偏"可以和否定副词"不"连用，并且省略核心谓词性成分，"硬"则不行，例如：

（38）"偏不告诉你，偏不，偏不！"她还是笑着，可是笑的声儿，恐怕只有我听得出来，微微有点不自然。（老舍《爱的小鬼》）

（39）谢天谢地又有了声音，是柳萌弱小而坚定的声音："就不！就不！"（张炜《柏慧》）

（三）与能愿动词连用的情况

既然拂逆是对意愿的否定，那么就自然可以跟表意愿的能愿动词连用，现代汉语常用的表意愿的能愿动词有要、想、肯、愿意等，经过对大量的语料调查分析后发现，"就""偏""硬"在拂逆句中都可以与表意愿的能愿动词"要"连用，可参看上文中的例句。如果形式上是肯定形式，"硬"只能与"要"连用，语料中没有发现"硬想""硬肯""硬愿意"等表示拂逆的用法，如果形式上是否定形式即能愿动词前有"不"的情况，"硬"不能与"想"搭配使用，例如：

（40）虚竹道："小僧将他们远远引开，你和乌老大便可乘机下山，回到你的缥缈峰去啦。"那女童道："多亏你还替我设想。可是我偏（＊硬）不想逃走！"（金庸《天龙八部》）

（41）"有钱了不起啊，我就（＊硬）不想帮你，看你能怎么样？"吴铮对着手机气呼呼地骂道。（网络资料）

胡虹对表意愿的能愿动词与"就""偏"搭配使用的情况作了

考察，发现"偏"的用例比"就"的用例少得多①，两者在拂逆句中的使用情况也是同样如此。除了表意愿的能愿动词外在拂逆句中"就""偏"很少与其他类能愿动词共现，"偏"受到的限制更大，例如：

（42）"小男孩不能一边吃奶酪一边到处乱跑。""我<u>就</u>（＊偏）能"他说。（帕特里克·怀特《人树》）

例（42）中第一个"能"可以表示允许，小男孩回答的"能"可以认为是表示能力。总之，在拂逆句中"就""偏""硬"与表意愿的能愿动词搭配使用得比较多，特别是"要"，因为拂逆就是对意愿的违背。与其他能愿动词搭配受到一定的限制，如表示在对情理、事理判断的能愿动词"应该"和在表准许、允许的能愿动词"准"②前我们可以用"就"不能用"偏""硬"。究其原因是因为三者的意义不同，"就"是经过选择排除其他选项，"应该"与"不应该"，"准"与"不准"为言者提供两种可能选项。"偏""硬"更多的是强调主观意愿，与"应该""准"的语义相冲突。三者的凸显差异见下文相关论述。

（四）与其他语气副词共现的情况

三者都可以与语气副词"还"连用，并且在所查找的语料中"还"只能位于"就""偏""硬"之前，例如：

（43）行啦行啦！你不就是为了逼我承认服务态度不好吗？嘿！我<u>还就</u>不承认！（刘心武《缺货》）

---

① 胡虹：《语气副词"偏"与"就"的比较研究》，扬州大学硕士学位论文，2014年。
② 关于能愿动词的分类我们参看了刘月华等著：《实用现代汉语语法》（增订本），商务印书馆，2001年，第171页的分类。

（44）爹，您不就是舍不得吗？您舍不得，我还偏要了！（朱秀海《乔家大院》

（45）不管张振江怎么推辞，赵文安还硬向办公室外走。（李方立《初春的一天》）

"偏"可以与转折性语气副词"却""倒"搭配使用，"就""硬"却不能，因为"偏"表偏离的基本义是与"却""倒"的转折义相吻合的，例如：

（46）你想让我哭，我却偏要笑，每一次低我，总使我更高，赞美似露珠，诋毁是肥料，风来树更长，雨去山愈姣。（汪国真微博2015-1-7）

（47）世人定然猜度我对此女有恋情。我倒偏要清白照顾她。（翻译作品《源氏物语》）

（五）"就""偏"的连用共现

拂逆句中"硬"不与"就""偏"连用，"就""偏"在一起使用，"就偏"用例很多，而"偏就"表拂逆的在语料库没有发现，大部分都是"偏偏就"，例如：

（48）罗部长不叫我游，我就偏要游。（权延赤《红墙内外》）

（49）贺尚书道："我偏偏就要先审你，你能怎么样？"（古龙《陆小凤传奇》）

5.3.2.2　语义的凸显差异

"就""偏""硬"都可以用在拂逆句表达话语否定，也就是反预期的主观情态，但是三者表达拂逆的语义基础不同，自然语用侧重也会有细微的差异。上文提到"就"表达拂逆与其小量义与排他性有关，强调所选焦点项，排斥除焦点项以外的其他选项，在拂逆句中排斥的是听话人的预期,因此"就"在拂逆句中主要作用是强调焦点项。"偏"本义是"歪斜、不居中"很容易投射到事件上表达"偏向某一方",也就预示着结果与事实相反,由此衍生出"偏"表示故意跟外来要求或客观情况相反,表达的是"事与愿违"。关于"就""偏"的语义演变,学者关注较多,这里不再赘述。《现代汉语八百词》没有收录"硬"作为语气副词的用法,但是在日常口语中这种用法也比较常见。"硬"原指物体的坚固、结实,与"软"相对,如例(50)。由物指人,引申为人意志的顽强、强硬,如例(51)。这两种都是"硬"形容词用法,当说话者认为人顽强、强硬的言行不合时宜时,便衍生出了语气副词的用法表"强行、执拗",如例(52),这便是"硬"在拂逆句中的含义,表达的是固执地做某事。

(50)山原川泽,土有<u>硬</u>软。(杜佑《通典·食货二》)

(51)那妇人常把些言语来撩拨他,武松是个<u>硬</u>心直汉,却不见怪。(施耐庵《水浒传》第三十二回)

(52)小人身边略有些东西。若是他好问我讨时,便送些与他。若是<u>硬</u>问我要时,一文也没。(施耐庵《水浒传》第二十八回)

因此"就""偏""硬"虽然都可以用在拂逆句中,但是仔细体会,就会发现它们各有侧重,"就"选择焦点项,进行主观强调;"偏"表示偏离,强调主观故意;"硬"表示态度坚决,强调强行、执拗。例如:

(53)你不让干,我<u>就</u>要干。(引自吕叔湘1999用例)

(54)不让我去,我<u>偏</u>去。(《现代汉语词典(第7版)》)

(55)不让他去,他<u>硬</u>要去。(同上)

　　"就"的语气副词用法是范围副词主观化的结果,例(53)中说话者从"干与不干"作出与听话者预期相反的选择"干",进而表达拂逆;例(54)用"偏去"表达的是说话者故意违背听话者的意愿"不让我去";例(55)表达的是"他"不听从说话者的意见"强行或执拗地要去"。这种微小的差异使得在上文中它们对句法选择的倾向性也能得到很好的体现,拂逆句中"就"大多数用法是在对话中违逆听者的意愿,主语一般都是"我"如例(53),且违逆行为并没有真正付诸行动,属于未然事件,即当说话人说"你不让我干,我就要干"时,此时"还没有干",这说明"就"具有更强的交互主观性。"硬"是指行为上的坚决与执拗且违逆行为一般已经发生如例(55),所以一般不能直接跟"不"连用,也不能直接说"硬不!","偏"本身意义就是表示"偏离",所以在拂逆句中受限较少,"就"往往要与能愿动词"要"搭配而"偏"不需要。"就偏"连用比"偏就"常用①,说明"偏"与其后成分结合更加紧密。

5.4　回应拷贝结构"X 就 X"与预期否定

5.4.1　格式的界定

　　本节所提的"X 就 X"是回应拷贝结构,也就是王灿龙所说的回声拷贝结构,即在言语交际中,后续话语往往会出现对先述话语中的某个成分的"同声回应"②,王长武从会话的角度认

---

① 上文也提到"偏偏就"在拂逆句中也比"偏就"常用,关于"偏"与"偏偏"的具体用法差异可以参看石定栩:《评价副词与背景命题——"偏偏"的语义与句法特性》,《外语教学与研究》,2017 年第 6 期。

② 王灿龙:《现代汉语回声拷贝结构分析》,《汉语学习》,2002 年第 6 期。

为"X 就 X"属于引述回应格式,是对前一个话轮或语篇进行回应,目的在于引述一个完整的事件或判断①。杨德峰②、李宇凤③等也对作为回应拷贝结构"X 就 X"做了研究,结合以往对回应拷贝结构的界定,以下例句中的结构不是回应拷贝的特征,例如:

(56)今日事今日毕,今朝不戒更待何时嘛,咱们说干就干,和平你快一点。(电视电影《我爱我家》)

(57)他不干就不干,要干就真像个干的样子。(吕叔湘1999用例)

(58)他们有一个共同点,那就是干就干得最好。(《人民日报》1997-6-4)

(59)以我说,你该吃就吃,该喝就喝,该睡就睡,反正你找了,也找不到有什么办法。(刘玉栋《父亲上树》)

(60)我一直听说我们忘忧茶庄的口碑好,好就好在不给茶农压价,也不给茶农打白条。(王旭烽《茶人三部曲》)

(61)什么意思?好就好,不好就不好,弄一大堆模棱两可的形容词,到底好,还是不好?(唐絮飞《模范情妇》)

"X 就 X"是不是回应拷贝结构必须结合会话语境,后一话轮必须有对前一话轮的回应性成分,如例(63)就不是回应拷贝结构。

(62)"溜溜来了。""来就来呗,你还以为他算个人物啊。"(张

---

① 王长武:《引述回应格式"X 就 X"论析[J].新疆大学学报(哲学·人文社会科学版)》,2016 第 21 期。
② 杨德峰:《也说"A 就 A"格式》,《语言文字应用》,2005 年第 3 期。
③ 李宇凤:《回应否定预期对立的"X 就 X"构式》,《语言教学与研究》,2018 年第 5 期。

炜《你在高原》)

（63）<u>来就来</u>吧，还带这么多东西，让你破费！（莫言《蛙》）

另外，用与先述话语中某个语言单位表义（有的属隐含义）相同的另一个表达形式作回应成分，如例（64）"有种的别怯场呀"是一种挑衅性的间接祈使句，隐含着"来呀"的意思，于是可以使用"来"作为回应成分。

（64）"有种的别怯场呀！""X 你个小娘，<u>来就来</u>！"（刘恒《两块心》，王灿龙 2002 用例）

5.4.2　预期否定的格式义

从以往的研究来看，学者们比较重视格式的句法、语义的研究，句法方面如变项回应成分 X 的选择与形式、常项"就"省略的条件等。关于"X 就 X"格式义，吕叔湘认为是表示容忍或无所谓的态度①。杨德峰认为理解"X 就 X"的语义必须立足于具体的语境，并从五种语境出发，分析了"X 就 X"的语义，分别是：接受建议、表达认同、强调某种态度或情况、要求作出决断或给出肯定回复、强调极端情况②。吴春相、田洁认为格式表达的是"慨允"的构式义，"慨"为大度、慷慨，"允"是接受、允诺③。王长武认为整个格式表达是说话人对前一说话人的话语的肯定性回应④。

---

① 吕叔湘：《现代汉语八百词》（增订本），商务印书馆，1999 年，第 318 页。
② 杨德峰：《也说"A 就 A"格式》，《语言文字应用》，2005 年第 3 期。
③ 吴春相、田洁：《回声拷贝式的"慨允义"和修辞动因》，《修辞学习》，2009 年第 3 期。
④ 王长武：《引述回应格式"X 就 X"论析》，《新疆大学学报（哲学·人文社会科学版）》，2016 年第 2 期。

也有学者注意到了格式与预期的关系,如陈赵赟认为人们在使用"X 就 X"作为回应时总有一个心理期待,这种心理期待与先行句的偏离程度,导致格式有多种语用义①。李宇凤认为说话人在使用"X 就 X"时很可能否定 X 的情况下,以表面认同肯定 X 的方式隐性否定与预期对立,从而实施特定的言语行为②。这些研究成果是我们进一步研究的基础,但仍有可以进一步研究的地方,比如"X 就 X"表达反预期的类型及表达反预期的原因是什么? 语气副词"就"在格式反预期表达中究竟起到什么作用?

回应拷贝格式"X 就 X"是对言语行为的回应,因此格式中"X"也要凸显相应的言语行为,最常见有动词及动词短语,如"走就走""现在走就现在走"等,此外,形容词及形容词短语,如"大就大点儿",名词性成分"黄的就黄的""十块就十块"等,只要能够体现对言语行为的回应,形式上简练都可以进入格式。不带语气词的"X 就 X"格式往往是直接的言语回应,例如:

(65)郭全海想他定不会答应:"我要六百。""六百就六百",韩老六突然大方地说道,"我姓韩的是能吃亏的。"(周立波《暴风骤雨》)

(66)蓝东阳发了怒:"到齐了就走吧,紧着吵我干吗呢?"瑞丰:"校长没来,先生只来了一位,怎能走呢?""不走就不走!"蓝先生狠命地吸了一口烟,把烟头摔在地上,把脑袋又钻到被子里面去。(老舍《四世同堂》)

---

① 陈赵赟:《回声拷贝式"A 就 A"在现代汉语篇章中的考察》,《语言教学与研究》,2017 年第 5 期。
② 李宇凤:《回应否定预期对立的"X 就 X"构式》,《语言教学与研究》,2018 年第 5 期。

这两句"X 就 X"从反预期的表达类型上来看是不同的。例(65)中的"六百就六百"是反听话人的预期,句中郭全海"想他定不会答应",韩老六却用"六百就六百"突然大方地答应了,这违反了听话人郭全海的预期。例(66)"不走就不走"违反了蓝先生自己的预期,因为本来他是催着要走的,句中有"到齐了就走吧",包括从他的后面的一系列动作也可以看出他的不满,如"狠命吸一口烟""烟头摔在地上""脑袋钻进被子里"。

"X 就 X"后附语气词也是表达的反预期,语气相对缓和,具有让步妥协义,例如:

(67)宝山脖颈粗粗的,出气不匀地说:"我也去!""你去做啥? 一不粘亲、二不挂故的,有你说的话?""人这嘴是专给样戚长着哩? 没你这个姑,我早该哑巴了不是?"海棠姑见侄儿镢柄劲又来了,摆摆手道:"罢,罢,罢! 去就去吧!"(张石山《镢柄韩宝山》)

(68)牛大姐对老刘温和地说:"老刘,你拿了什么?"刘书有气地一摊手:"我拿了吗? 什么意思嘛!"戈玲解劝于德利:"拿了就拿了吧,想来不是什么贵重东西,多伤和气。"(王朔《编辑部的故事》)

"让步妥协""容忍""无奈"等本身就暗含着对预期的偏离,例(67)海棠用"去就去吧"说明海棠是本不希望去的,偏离了说话人的预期。例(68)听话人不承认"拿了",说话人觉得应该承认并且认为承认"拿了"不会"伤了和气",从而达到对听话人的劝解。

李宇凤提出了隐性否定的语用激活模式,即(否定性内容)——肯定表述(反预期否定);(肯定内容)——否定表述(预设否定），认为回应拷贝格式"X 就 X"否定感极强，因为它是预期对立的语用激活，是区别于预设否定的反预期否定①。我们认同这一观点，因为在会话序列中，言语双方是互动的过程，对于某种言语行为言者与听者都存在一个预期，当使用"X 就 X"时都暗含着本应该反对"X"，却用肯定的形式去表达"容忍""妥协"，因此而产生了反预期的话语功能。回应拷贝格式"X 就 X"是对言语行为的回应，言者根据自己的观察和经验对听者的预期作出回应，当听者认为言者应该反对自己的言语行为，但言者却用"X 就 X"表示确定认同就违反了听者预期，当言者对某一言语行为做出"妥协"或者"容忍"某一言语行为发生时，也就暗含着这种言语行为是不符合言者原有预期的。

5.4.3　格式表预期否定的原因

上节分析了"X 就 X"反预期话语功能的表现，"容忍"或"妥协"是对原有预期的否定。吕叔湘也认为"A 就 A"格式表容忍或无所谓的态度②。那么为什么"X 就 X"会表现这种态度，我们认为这仍然与"就"的小量义、排他性有关。"就"将前提事件置于主观量级的低端，言者认为前提事件重要性不足，是可以妥协让步或容忍的，但是对于听者来说"就"主观小化的前提事件却是主观大量，因此产生了反预期的话语功能，例如：

（69）于德利再三点头："有理，听着长见识，那你们现在怎么办？被我们逮着了这回傻了吧？"刘利全："傻什么呀？我们才不

---

① 李宇凤：《回应否定预期对立的"X 就 X"构式》，《语言教学与研究》，2018 年第 5 期。
② 吕叔湘：《现代汉语八百词》（增订本），商务印书馆，1999 年，第 318 页。

傻呢。你们<u>逮着就逮着</u>吧,大不了我们晚会不搞了,一点其他事儿都没有,拍屁股走人,正傻的是你们。"(王朔《编辑部的故事》)

(70)大胖子一副饱经风霜满脸城府大事不糊涂的模样,"被告听着,既然你们外号叫孔夫子,那本帅就要考考你们了。""<u>考就考</u>呗,有什么呀?还能叫你们难倒了不成?"。(同上)

这两例"X 就 X"都出乎听话人的预期,例(69)听话人于德利认为"逮着"对说话人刘利全很重要,而刘利全却认为并不重要,把"逮着"这件事置于重要性的低端,才会产生无所谓的态度,在形式上句中有"大不了""一点其他事儿没有"也是很好的验证。例(70)中"有什么呀"也可以看出说话人无所谓、不在乎的态度。

吕叔湘认为"A 就 A"格式表容忍或无所谓的态度,例如:

(71)<u>丢就丢</u>了吧,着急也没用。(吕叔湘 1999 用例)

(72)<u>大就大</u>点儿,凑合着穿吧。(同上)

我们可以用"就"的排他性来解释,例(71)(72)这样的用例经常出现在应答句的答句中,在说话者作出应答之前前提事件如"丢东西""衣服买大了"是必须存在的,说话者把前提事件当作话语的起点。张滟认为在"A 就 A"中前一个"A"是说话人提取情景语境中的事件或元素来作为话语起点,同时因为"就"的限止义,使用"就 A"又把"A"置于的终点位置,这个终点实际上反映事件发生的实际状况并未达到预期,因而不如意,就容易形成负面评价①。我们则认为当说话者使用"就 A"时,排斥了事件发生后的其他行为,容忍了目前的状况。"丢就丢了"排斥因为"着急"所带来的行

---

① 张滟:《结构性话语标记:语义—句法—话语界面——以"A 就 A"为例》,《当代修辞学》,2014 年第 1 期。

为比如"急哭""急得睡不着"等,"大就大点"排斥"退款""更换"
等行为。在交际互动中,表达容忍或无所谓态度的"A 就 A"违反
了听话人的预期。

5.5　本章小结

本章认为与语气副词"就"有关的反预期表达与其小量义和
排他性有关。主要结论有:

(1)"就"的本义是表示"到高处去住",后来引申为"趋近、完
成",这可以认为"就"是空间移位的行为动词,空间上距离的缩短
到数量的"少",时间的"短"或"早",同时趋近(达成)某一目标也
即排除了其他潜在目标,我们可以把"就"的空间意象图式,简单
描述如下:

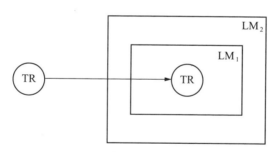

图 5-2　"就"的空间意象图式

其中 TR 为射体;LM_1 为界标,是"就"所确定的范围目标;
LM_2 为界标,它是 LM_1 与其他潜在目标的集合。"就"不断接近
界标 LM_1,路径(Pass)缩短,就会发生隐喻表数量的"少",时间的
"短"或"早"的小量义,同时接近的过程也排除了,除界标 LM_1 外

的其他潜在目标。

（2）"就"表达的是主观小量义，它关联焦点项成分位于语用量级的低端，言者认为与其相关命题成立的可能性最低，这个可能性低的命题如果成立，那么自然也就产生了反预期，本章以"就＋人称代词＋X"格式为例说明，"就＋人称代词＋X"表达反预期的用法经历了主观化的过程，"就"也由范围副词成了语气副词。

（3）"就"在拂逆句中，不是处于话轮的起始位置，而是处于引入的话题之后的位置，"就"对这一话题进行提取并加以强调。在拂逆句中说话者用"就（不）X"排斥听话者心理预期维度上的任何其他选项，表明了说话者坚决的态度。语气副词"就"与"偏""硬"都可用在拂逆句中，"就"选择焦点项，强调主观情态；"偏"表示偏离，强调主观故意；"硬"表示态度坚决，强调强行、执拗，这些细微的差异可在句法上得以验证，如对主语的选择、带"不"单独使用、与能愿动词连用的情况、与其他语气副词共现的情况、"就""偏"的连用共现等在实际运用中都有不同的倾向性。

（4）在言语交际中，后续话语往往用回声拷贝格式"X 就 X"对先述话语中的某个成分作"同声回应"，言语双方是互动的过程，对于某种言语行为言者与听者都存在一个预期，当使用"X 就X"时暗含着本应该反对"X"，但是采用了这种表面上的肯定形式来表述，也就偏离听者或言者的预期，"就"将其回应的事件置于语用量级的低端，才会有妥协让步或容忍的含义。

关于"就""才"的问题一直是汉语学界研究的热点话题之一，本章分析了"就"的小量义与排他性与反预期的话语功能，对"才"

的研究也具有启发性。"才"也经常用在反预期的话语场景中,例如:

（73）和平:自己人⋯⋯爸,您怎么<u>才</u>来呀,圆圆她们呢!

傅老:太晚了,我没有叫她们,孩子明天还得上学呢。（电视电影《我爱我家》）

（74）杨医生:哎⋯⋯嗯? 不对吧,您住二楼,在院里盖厨房,这不有病么这个。

老胡:你<u>才</u>有病呢!（电视电影《我爱我家》）

例（73）是爸爸来的时间晚于她的预期,例（74）中"才有病呢"也是回应性话语,是对听话人观点的反驳。张谊生认为"才"既可以表"增值强调"又可以表"减值强调"[①],那么"才"为什么具有这两种强调功能,还是只具有其中一种强调功能,增值与减值与其反预期表达有何关联,也值得进一步研究。

---

① 张谊生:《现代汉语副词"才"的共时比较》,《上海师范大学学报（哲学社会科学版）》,1999 年第 6 期。

第六章　容让类语气副词的
反预期与言者态度

6.1　引言

6.1.1　"容让"与反预期

本章所说的"容让"不是一般学界所说"容认性让步"[①]，而是指"容忍性让步"，即主体容忍了按常理本不该被接受的事情，进而所作的让步性选择。例如：

（1）和不同职业性质的人一起工作，固然可以相互切磋、交换意见，但不利于保密。（《青年参考》2019-2-28）

（2）小叶丹宁肯倾家荡产，也不愿交出队旗。（《人民日报》2019-2-15）

例（1）是容认性让步，表示的先承认后转折，例（2）是容忍性让步，表示的是先容忍后选择。"按常理本不该被接受的事情"依赖于社会固有模式或者说是社会规约性预期，当说话人容忍的事

---

① 邢福义：《汉语复句研究》，商务印书馆，2001年，第273页。

情偏离了社会规约化预期,就产生了违反社会常理的反预期,在会话中也违反了听话人的预期,例如:

(3)要杀要剐随便你!本王宁可一死,也不向你们这些赵国之犬臣服!(林芷薇《情转八百年》)

(4)宁可不吃饭,不睡觉,也要建好战备桥,为毛主席争光,为社会主义祖国争光。(《福建日报》1970-7-1)

就"宁可 P,也不 Q"而言,按照社会常理,人们会选择 Q,而不会选择 P,但说话人反而选择了 P,也就违背社会规约预期,如在上述例句中按社会常理说话人会选择"向赵国臣服",却选择了"一死";"宁可 P,也 Q"中按社会常理人们会选择"吃饭""睡觉",说话人却选择了"不吃饭""不睡觉",从而传达了一种反预期的话语功能。

现代汉语"宁"类语气副词是容让类语气副词的代表[①],包括"宁""宁可""宁愿""宁肯"等,三音节语气副词"大不了"也可以表示容忍性让步,下文详细分析。此外,与语气副词"都""也""就"有关的构式"V 都/也/就 V 了"表达的是容忍已发生的事件,所传达的往往是反听话人预期的信息,例如:

(5)练长风摇了摇头说:"反正做都做了,你若要取我性命,我只好认命。"(莫仁《星路迷踪》)

(6)"抱歉,让外行干这件事,的确是勉为其难,若有什么地方我可报答的,请开口便是了。"秦海青拱手深揖一躬。"做也做了,还说什么抱歉!"(香蝶《烟波江南》)

(7)"我很抱歉那么对你。"宫辞充满歉意地说道。"做就做

---

① 单威:《现代汉语偏离预期的表达研究》,吉林大学博士学位论文,2017 年。

了,有什么抱歉可说的?"(子缨《爱上黑帮大少》)

例(5)—(7)说话人用"做都/也/就做了"表达了自己的态度,可以容忍"做"了后造成的后果,例(5)"做"的后果最多是"取我性命",例(6)(7)中说话人可以容忍听话人"不道歉",这些超出了听话人的预期,因而传递的是反预期的信息,"都""也""就"是不同的语气副词,即使在相同的图式构式中表达相同的构式义,但是语用功能必然也会有所差异,另文再述。

6.1.2 "容让"与言者态度

"态度"在心理学里指个体对特定对象(人、观念、情感或者事件等)所持有的稳定的心理倾向,这种心理倾向蕴含着个体的主观评价以及由此产生的行为倾向性。侯玉波认为"态度"应该至少包括三个成分,即认知成分、情感成分和行为倾向成分。认知成分是人们对外界的心理印象;情感成分是人们对态度对象肯定或否定的评价以及由此而引发的情绪情感;行为倾向成分是人们对态度对象所准备采取的反应①。在语言学方面,Martin & White 提出了态度系统,并把它分为情感、判断和鉴赏三个子系统,在态度三个子系统中"情感"处于中心地位,它是一种感情反应,指的是行为、文本/过程或现象使言者产生幸福或不幸福、安全或不安全、满意或不满意等感受②。这些感受可以通过表达品质的形容词或副词、表达感情的过程动词,以及表达评注的状语等实现,感

---

① 侯玉波:《社会心理学(第二版)》,北京大学出版社,2007年,第87-88页。
② Martin, J. R. & P. R. White. *The Language of Evaluation: Appraisal in English*[M]. New York: Palgrave & Macmillan, 2005.

情反应就是"判断"和"鉴赏"的依据。

人们表达幸福不幸福、安全不安全、满意不满意等态度依据的主体的认知，认知来源个人的经验、世界知识或规范，在人们的认知里"容忍"是有程度的，有一定的量度标准，也就是说哪些事情可以容忍哪些事情不可以容忍也是有判断依据的。容让类语气副词的使用，从听者来说偏离了他们理想的容忍度，从言者角度来说表达了坚定的态度和无所谓、不以为然的态度，因为按常理来说不能忍受的都能忍，还有什么可在乎的呢，例如：

（8）宁可死，我也不写毛笔字。（《中国青年报》2017-2-23）

（9）"那地方你去不得。""任啥艰难我都想过了，大不了是死，我就是到中条山寻死去呀！"（陈忠实《白鹿原》）

从例（8）可以看出说话人的态度非常坚决，"死也不写毛笔字"，意思是无论如何也不写。例（9）表达态度坚决的同时，也体现了无所谓的态度"宁愿去死也要去中条山"，死都不怕其他困难也就根本不在乎。语气副词表达说话人对语句内容的评价态度（evaluative attitude），或者是加强说话人的某种态度[1]，"容让"类语气副词两者兼而有之，它既是对听话人预期的否定又加强了自己的坚决或不以为然的态度。

6.2　"大不了"的反预期与动因

6.2.1　已有的研究成果

《现代汉语词典》列出了"大不了"的两个义项[2]：a）形容词，了

---

[1]　徐晶凝：《现代汉语话语情态研究》，昆仑出版社，2008年，第89页。
[2]　中国社会科学院语言研究所词典编辑室：《现代汉语词典（第7版）》，商务印书馆，第238页。

不得(多用于否定式),如"这病没什么大不了的,吃点药就会好的。"b)副词,至多也不过,如:"赶不上车,大不了走回去就是了。"《现代汉语语气成分用法词典》列了"大不了"的三种用法[①]:a)短语,经常出现在比较句中,"不比……大"。b)形容词,非常严重、了不得(多与否定形式连用),如"这不是什么大不了的事,你不用放在心上"。c)语气副词,至多也就是,表示估计到最高程度,但并不值得顾虑,带有不在乎的语气,如"有什么了不起的,大不了离婚"。学者们对"大不了"的研究集中在对其语义演变以及词汇化的过程,如孙茂恒[②]、周敏莉[③]等,邵敬敏探讨"大不了"从形容词演变为副词的语法化进程同时,认为副词"大不了"修饰的VP隐含某种"极性估测",表面上显示的是不以为然的主观情态,深层次凸显的则是说话人不可动摇的"强意志力"[④]。

从已有的研究来看,很少有文章涉及"大不了"反预期的话语功能以及形成这种话语功能的原因。此外,现代汉语中还有一个三音节语气副词"充其量",从词典释义和以往的研究来看,存在相似或相同的解释,《现代汉语词典》(第7版)把副词"大不了"的解释为"至多;也不过",把"充其量"解释为"最大限度的估计;至多"[⑤]。邵敬敏认为副词"大不了"表达的是极性估测义,这与《现汉》中对"充其量"表"最大限度的估计"的释义是相同的。亓文香

---

①　齐沪扬:《现代汉语语气成分用法词典》,商务印书馆,2011年,第70-72页。

②　孙茂恒:《"大不了"的词汇化及其词典释义探究》,《鲁东大学学报(哲学社会科学版)》,2011年第4期。

③　周敏莉:《"大不了"的词汇化》,《理论月刊》,2012年第12期。

④　邵敬敏:《"大不了VP"的极性估测及其意志力》,《汉语学习》,2016年第6期。

⑤　中国社会科学院语言研究所词典编辑室:《现代汉语词典(第7版)》,商务印书馆,2016年,第238、180页。

认为"充其量"是表达"不以为然"的"小"化心理①,这一观点与谢晓明、刘渝西关于副词"大不了"的解释也大致相当,他们认为"大不了"是主观小量副词,其使用使整个句式产生了一种"不以为然"的句式义②。其实,两者存在明显的使用差异,有必要作进一步区分。

6.2.2 现代汉语中的三个"大不了"

现代汉语中存在三个"大不了",分别是作为述补短语的"大不了₁",作为是形容词的"大不了₂"以及作为语气副词的"大不了₃"。短语"大不了₁"是由性质形容词"大"跟"不了"构成述补结构,"大"是在体积、数量、面积、强度、力量等方面超过一般或超过所比较对象,与"小"相对,短语"大不了"最常用在比较句中,后面多是概数,是对比较对象的"大小"程度的一种估测,例如:

(10)你看这几个字,我当初刻的时候,我比你现在<u>大不了</u>多少。(巴金《憩园》)

(11)是的,王掌柜有点小小的、比针尖<u>大不了</u>多少的困难,希望定大爷帮帮忙。(老舍《正红旗下》)

上述例句中的"大"可认为是静态形容词,因为它是通过比较表示的目前的状态不可能"大",当"大不了"与"大得了"相对时可表示一种动态变化义,是"不可能变大"的意思,例如:

(12)如果企业躺在这个政策上,恐怕永远都<u>大不了</u>,即使表

---

① 亓文香:《主观向量副词"充其量"的词汇化与认知研究》,《烟台大学学报(哲学社会科学版)》,2018年第1期。
② 谢晓明、刘渝西:《"大不了"的语用功用与演化过程》,《汉语学报》,2013年第1期。

面大了,也会是虚胖。(《人民日报》2002 年 6 月 24 日)

　　(13)这"搓"功可要精细,力用大了,油糍会破,力不足,油糍大不了。(《人民日报》2002 年 5 月 9 日)

　　"大不了₂"作为形容词主要在句法上充当定语,谢晓明、刘渝西把其后的名词性成分归为"事件问题类"[①],在对语料的调查中我们发现"大不了₂"后名词性成分往往省略,且句子多为否定句和反问句,整个句子表达的是说话者对所谈论对象的紧要程度的一种否定,体现了说话者对事件的不以为然、不在乎的态度,例如:

　　(14)贫穷也不是什么大不了的事,通过奋斗改变贫穷的劣势,才是最重要的!(孙浩《踏梦而来》)

　　(15)本来,一家子似的过了这么多年,有点磕碰也没什么大不了的,慢慢儿淡忘了最好,这一赔不是,倒生分了。(陈建功、赵大年《皇城根》)

　　(16)刘昆头也没回,随便答了句:"晚点吃饭,有什么大不了的!"(金戈《在征途上》)

　　"大不了₃"作为语气副词,表示"至多也不过如此",估计到最高程度,但不值得顾虑,带有不在乎的语气[②],例如:

　　(17)"活没干完。我看谁敢走。""有什么不敢的。大不了我不要工钱。"(曹桂林《北京人在纽约》)

　　(18)"算了算了,怪我不对,一斤豆腐,大不了今天晚上不吃,以后买东西注意放就是了!"(刘震云《一地鸡毛》)

---

① 谢晓明、刘渝西:《"大不了"的语用功用与演化过程》,《汉语学报》,2013 年第 1 期。
② 齐沪扬:《现代汉语语气成分用法词典》,商务印书馆,2011 年,第 70 页。

"估计到最高程度",也就是邵敬敏所认为的极性估测义。如果说例(17)中的语气副词"大不了₃"表达的是极性估测义我们可以理解,因为是说话人对事件结果最严重的推测,"不要工资"是说话人对"没干完活就走"后果的推断,且是最严重的后果。但是例(18)中的"大不了"不好说是一种极性估测,因为最不好的结果已经出现,小林买了一斤豆腐放塑料袋里已经馊了,馊了的豆腐是晚上不能吃的,这不需要说话人去推测,因此,认为语气副词的"大不了₃"表极性估测义至少不够不全面。其实,例(17)(18)中的"大不了"可以理解为"主观容忍"义,例(17)说话者可以容忍"不要工钱"也要选择走,例(18)表示的是豆腐馊了,只能容忍今晚"今天晚上不吃了",责怪"我"也没用。

短语"大不了₁"同其他的"A不了"一样都是在"V不了"的类化作用中产生的。"A不了"语法化经历了三个语法化过程,首先"了"要虚化为补语,其次动态形容词进入形成"V不了"(吃不了、干不了),最后静态形容词进入形成"A不了"(好不了、少不了、受不了、快不了),表示认识情态义①。上文提到形容词"大不了₂"都用于表否定意义的句子中,最常见是"没什么大不了的",具有"不得了"义,是对谈论对象的否定性评价,在对现代汉语语料考察后,发现在定语位置上的"大不了"均为形容词,但在历时语料中会出现短语作定语的现象,例如:

(19)本来只有这么大的事,你故意虚张声势,做一件<u>大不了</u>的事,小题大做,未免可笑。(不肖生《留东外史续集》)

---

① 柯理思:《论表示说话者的主观判断的"不了"格式及其语法化过程》,《现代中国语研究》,2000年第1期。

句法位置的改变及高频使用,经过重新分析形容词"大不了₂"最终形成,在形成过程中由否定副词"不"所体现的否定义受到磨损,但是其经常与"没什么""有什么""不是什么"等否定或反问形式连用,整个句子仍然表达的是否定意义。邵敬敏在谈到形容词"大不了₂"向副词语法化的机制时指出,句法移位是主要原因①。语气副词"大不了₃"最常用的句法位置是句首,据杜超(2012)对所收集的"大不了₃"共 201 例语料中,位于句首的就有 195 例,占 97%②。位于句首和其他语气副词的句首功能一样,主要充当高层谓语,具有述谓性,辖域为整个命题,句子的主语也由原来的句法主语成了言者主语,例如:

(20)伴随着"啃老"等社会现象的出现,"秒辞"更不算什么大不了的事情了。(《青年时讯》2019-1-18)

(21)他安慰自己,"大不了夏秋季节去开装载机,冬春季节,再去种地。"(《中国青年报》2019-1-28)

例(20)是"大不了"的形容词用法,有明确的中心语"事情"和主语"秒辞",例(21)"大不了"位于句首所修饰的是整个命题"夏秋季节去开装载机,冬春季节,再去种地",句子的主语并未出现,只表明了说话人的态度,句子的主语为言者主语。

"大不了"词汇化的过程,也是主观化的过程,"主观化"是指语言为表现主观性而采用相应的结构形式或经历相应的演变过程③,从这个定义上来讲,主观化可以是共时的,也可以是历时

---

① 邵敬敏:《"大不了 VP"的极性估测及其意志力》,《汉语学习》,2016 年第 6 期。
② 杜超:《"大不了"的多角度考察》,浙江师范大学硕士学位论文,2012 年。
③ 沈家煊:《语言的主观性和主观化》,《外语教学与研究》,2001 年 4 月。

的。从"大不了₁"到"大不了₃"主观性逐渐增强,"大不了₁"只是通过对比进行客观陈述,句中有明确的比较对象,例如:

（22）他们看我<u>大不了</u>他们几岁,变着法跟我对着干。（《中国青年报》2019-1-8）

"大不了₂",没有明确的比较对象,是说话者根据自己的经验而做出的主观性观点,例如:

（23）对,现在明白了那种感觉,没什么大不了嘛,拍一个照有什么<u>大不了</u>,让全香港的人分享我们一家四口过年的喜悦,也很好。（电视栏目《铿锵三人行》）

（24）其他的像语言、生活习惯方面我也会尽量调整自己,我觉得吧,也没什么<u>大不了</u>的,没有克服不了的困难。（《中国青年报》2005-4-7）

话语的主观性,是语言的一种特性,即在话语中多多少少总是含有说话人"自我"的表现成分,也就是说,说话人在说出一段话的同时表明自己对这段话的立场、态度和情感,从而留下自我的印记①。例（23）（24）具有明显的主观性,是事情严重性程度的主观评价,例（24）中有话语标记"我觉得吧"更能说明后文是说话人的主观看法。

语气副词"大不了₃"多用于对话语境中。在对话语境中必然要求言者对听者予以关照,听说双方才能处于一种良好的互动关系中②。"大不了₃"是对听话人的观点或行为的间接性否定,这种

---

① 沈家煊:《语言的主观性和主观化》,《外语教学与研究》,2001 年 4 月。
② 张旺熹、李慧敏:《对话语境与副词"可"的交互主观性》,《语言教学与研究》,2009 年第
2 期。

间接性否定就考虑到了听话人的心理接受程度,也是对听话人"面子"的关照,以达到以言行事的目的,例如用在表示劝慰和建议的话语场景中,体现言语交际中的交互主观性。

(25)"她又是女孩子,怎么放心?""怕什么,<u>大不了</u>做小洋人,现在流行到外国,你问问她。"(亦舒《我的前半生》)

(26)她说:"我不走,死也死在一块儿。"李靖又来软求她:"二娘,这儿没你的事,我们也没什么大事,<u>大不了</u>上杨府走一遭。"(王小波《黑铁时代》)

(27)小珊瑚鼓着嘴,用手拨弄筷子头,低低声音说道:"回去晚了,人家可是要挨骂的。"殷小石道:"你妈要说什么话,有我负责。<u>大不了</u>,叫金大爷和你打一场牌,什么事也解决了。"(张恨水《春明外史》)

(28)"事情没这么简单,强迫他不能出征,只怕到最后会引起他更大的反弹。""反正如果我三哥再不肯,<u>大不了</u>你就辛苦点,求他别抗旨,毕竟你是他最大的弱点,他一定会听你的。"(子纹《王爷落难》)

例(25)(26)回应句是对听话人的劝慰,例(25)让听话人不要担心一个女孩子在国外,理由是"大不了做个小洋人,现在流行到外国",也就是说女孩去国外,至多也就是成为"小洋人",这没有什么可担心的。例(26)是李靖劝慰二娘快点离开,不要担心自己,自己最坏的处境也就是去一趟杨府,不会出什么大事的。两句中用"大不了"指出最严重的后果给听话人,这种后果其实对听说双方都可以接受,以打消听话人的顾虑。例(27)(28)用"大不了"句是给听话人的建议,如果有什么问题,按照说话人的意见去做,问题肯定可以解决,以此来打消听话人的困惑。

　　沈家煊指出语言内部存在三个世界,即行域、知域、言域,并且认为三者不仅是并列关系,还具有引申关系,其中行域义是最基本的,在此基础上引申出虚化的知域义,再进一步虚化得出言域义①。肖治野进一步指出"行"就是现实的行为和行状,以事实为基础。"知"指主观的知觉和认识,跟说话人和听话人的知识状态有关。"言"指用以实现某种意图的言语行为,如命令、许诺、请求等,跟言语状态有关②。从上文论述我们可以看出现代汉语中的三个"大不了"分别对应了"行""知""言"三域,如表 6-1:

表 6-1　现代汉语中"大不了"的用法

大不了₁	客观性	行域
大不了₂	主观性	知域
大不了₃	交互主观性	言域

6.2.3　"大不了₃"反预期的表现及动因

6.2.3.1　"大不了₃"反预期的表现

　　杜超③、宋丹④都提到"大不了₃"对事件的评述具有逆反性,其实如果放在动态的对话语境中,含语气副词的"大不了"句表达的是一种反预期的话语功能,主要是反听话人的预期,例如:

---

① 沈家煊:《复句三域"行、知、言"》,《中国语文》,2003 年第 3 期。
② 肖治野、沈家煊:《"了2"的行、知、言三域》,《中国语文》,2003 年第 3 期。
③ 杜超:《"大不了"的多角度考察》,浙江师范大学硕士学位论文,2012 年。
④ 宋丹:《"大不了"的多角度考察》,上海师范大学硕士学位论文,2014 年。

（29）黑衣人道："不答应也得答应，老夫还可以免除一番手脚。"陈玄霜道："哼！<u>大不了</u>把我杀死而已！"（卧龙生《绛雪玄霜》）

（30）"冷丫头，你别以为令主对你宠爱，你就敢违背令主的命令，你别忘了刑堂的严婆子她可是六亲不认的。""<u>大不了一死</u>……"冷寒雪冷笑道。（金康《超味大霸主》）

（31）"那地方你去不得。""任啥艰难我都想过了，<u>大不了是死</u>，我就是到中条山寻死去呀！"（陈忠实《白鹿原》）

例（29）中黑衣人希望陈玄霜投降，陈玄霜却说"大不了把我杀死"出乎黑衣人的意料，违反了黑衣人的预期。例（30）（31）是听话人对说话人的劝阻，说话人不听劝也是不符合对方的预期。有时"大不了"句也可以反除交际双方外的第三方的预期，这种用法不多见，如在例（32）中"大不了"句违反的不是听话人"赵司令"是预期，而是主张救她的人"信生"的预期。

（32）赵司令道："事后，我也把信生痛骂过两顿，他也很是后悔，是今天他打听的事情很要紧，非回来不可，所以拉了我来救你。"月容道："救我干吗！我让人家捉了去，<u>大不了是死</u>；我在这破屋子里住闲，过久了也是饿死。"（张恨水《夜沉沉》）

6.2.3.2 "大不了₃"的主观小量义与反预期的产生

作为短语的"大不了₁"表示的是不可能大或者不可能变大，"大不了"的主观化伴随认知域从"行"域到"知"域再到"言域"的转移，这是隐喻机制在起作用，隐喻是一种认知方式，它是用一个具体的概念来理解一个抽象的概念，"言""知"的概念比"行"的概念更加抽象，因此往往会用"行"来隐喻"知""言"，但是在认知域投射的过程中,"知""言"的意义仍然会保留着"行"的意义。储泽祥、谢晓明认为汉语的实词虚化,源词的意义往往仍然控制或影响着新词的意义或新词分布的句法语义环境①。因此,"大不了₃"仍然受短语"大不了₁"意义的影响,只不过一个是主观小量,一个是客观小量罢了,例如"大不了₃"经常与表示小量的语气词断续搭配使用,体现了主观小量的用法。

(33)就是犯事儿,大不了说我贩卖"封资修"黑货,宣扬才子佳人<u>罢了</u>,总不至于闹个反党反社会主义反革命。(朱春雨《陪乐》)

(34)你不吃这个药也没关系,大不了治不好<u>而已</u>。(电视栏目《第一时间》)

"大不了₃"具有主观小量义,但它约束的焦点项却处于极端位置,这就造成了强烈的反差,正如谢晓明、刘渝西观点:说话者在主观上不把客观上是大量的情况视为大量,由此使整个句式产生了一种不以为然的句式义②,例如:

(35)跳就跳,大不了——大不了<u>跌断脖子</u>就是了。(于晴《龙的新娘》)

(36)怕他们干啥? 我,一个40岁的人,大不了<u>一死</u>,也不能让歹徒伤害我的乘客,也甭想抢去乘客的一分钱。(1996年《人民日报》)

例(35)和例(36)中的"跌断脖子""死"在人们的常规认识中

---

① 储泽祥、谢晓明:《汉语语法化研究中应该注意的若干问题》,《世界汉语教学》,2002年第3期。
② 谢晓明、刘渝西:《"大不了"的语用功用与演化过程》,《汉语学报》,2013年第1期。

都是处于极端的位置,而说话者却用"大不了"故意把它们小化,表达自己不以为然的主观态度。

"大不了₃"所约束的焦点项在一些话语场景并不像例(35)(36)中"跌断脖子""死"在社会常规中就属于极端量,例如:

(37)嗨,咱得罪的人多啦,管他呢。咱工人上来的,大不了<u>再回去当工人</u>。(当代报刊《读者合订本》)

(38)我本是农家子弟,大不了<u>还是种田</u>,但"认证不认人"的规矩不能在我手中失传。(1994 年《人民日报》)

(39)卢小波跳了起来:"我疯了,我去干这种蠢事!"站长说:"你和他们性质不一样。你去顶,大不了<u>关个十天八天</u>,这个我有数。"(当代报刊《作家文摘》)

(40)这个宿舍,我尽的义务太多,现在豁出去,给它来个孙悟空大闹天宫,大不了,<u>我滚</u>,也不是死罪。(当代报刊《读者合订本》)

例句中"大不了₃"后面部分"再回去当工人""还是种田""关个十天八天""我滚"是说话人根据自己的经验认知主观认定的极端量,这种主观认定的极端量跟"大不了₃"主观小量义同样造成反差,表达说话人强烈的主观情感。

在"大不了₃+X"中,"X"处于语用量级的极端位置,但是言者主体却用表示主观小量的"大不了"将其"小化",体现了对"X"不以为然的态度,目的是让步,在说话人眼里为了去做某件事再大的事情也能容忍。在人们的常规认识中有些事情是不能容忍的,比如"死",说话人为了做某事却选择了容忍,如例(36)说话人宁愿容忍"一死"也要保护自己的乘客。有些"X"是说话人根据自己的认知经验推算出的最坏结果或打算,比如例(38)说话人宁愿容忍"还种田"的结果,也不要破坏"认证不认人"的规矩。说话人选择对位于极端位置上的容忍出乎了听话人的预期,从而产生了反预期的话语功能,在会话中也会有些明示反预期的话语与"大不了"同现,如例(36)中的"怕他们干啥?";例(37)中的"管他呢"。在例(39)中卢小波不愿意去顶替犯罪,而站长却用"大不了关个十天八天"对他进行劝说。这些都是反预期的体现。

6.2.4　"大不了"与"充其量"的用法差异

6.2.4.1　两者句法上的差异

现代汉语中"充其量"在句中位置灵活,句法功能单一,主要作状语,后面多是谓词性成分,少数情况下带体词性成分,常与表示主观小量的副词、语气词连用,例如:

(41)事实上,美国情报界一直就认定"伊斯兰国"武装并没有被打败,充其量只是被打散,曼比季袭击挑明了特朗普如今面临的两难局面:不撤军伤己,撤军则伤国。(《中国青年报》2019-1-23)

(42)但这个"遗书"后来被扁办的声明自己戳破了这个谎言,扁办说这看起来,充其量不过是一个声明稿而已,这第一,第二,字迹看起来字里行间有点像陈水扁。(电视栏目《海峡两岸》)

(43)萧亚顿说,本以为父亲很平凡,充其量也就是一个普普通通的警察,可没想到的是,那天开追悼会,竟然有那么多人去为他送行。(《北京晨报》2018-11-26)

(44)"班主任平时都要把她捧上天了,充其量也不过如此罢了。""她那么倔,估计要去复读。人家可是要考清北的人……"
(《中国青年报》2018-2-25)

"充其量"最早作为短语用法是"充满它的度量"的意思,例如:

(45)明允方大,处变不渝,汪汪焉,堂堂焉,渤碣河华,不能充其量。(六朝《全梁文》)

(46)海非水无以充其量,水非海无以会其归。(清《木兰奇女传》第二十六回)

但实词虚化为虚词多多少少都会保留原有的语义,现代汉语中"充其量"后经常会直接和数量短语连用,就是与量度有关的体现,这种情况下不能使用"大不了",例如:

(47)美军确定朝鲜(120万兵力)有700余个打击目标,那么台军只有约20万军队,充其量(*大不了)也就200—300个目标。(环球网2018-3-27)

(48)从长远看,我国的城市化率应达到80%左右,留在农村从事专业化农业的人口充其量(*大不了)1亿左右,再多就意味着农业现代化水平上不去,城乡差别无法消除。(《中国青年报》2014-8-11)

随着语义的进一步虚化"充其量"不再表达与"量"有关的事件,往往是对最大可能的认定或者估测,当表示对最大可能认定时也不能用"大不了",只有当表示对最大可能的推测时可以与"大不了"互换,例如:

(49)我虽笔耕不辍,杂论一番,其实捉襟见肘,败笔时现。充其量(*大不了),还只是个"二百五"而已,唯有学习再学习,

努力再努力，突破"二百五"，进入新境界。（叶小文《小文三百篇》）

（50）杨舰队也一定不会这么强的，它<u>充其量</u>（＊大不了）不过是个新旧兵混杂所编成的乌合之众罢了。（田中方树《银河英雄传》）

（51）谁攻击我也不怕，<u>充其量</u>（大不了）不干就是了，我还不想干哩！（龙志毅《政界》）

（52）她把信亮出来，完事了！如果把她打发到修道院，与她分开，也好！她去受罪，<u>充其量</u>（大不了）一死了之！她可以忍受一切，可再也忍受不了这种下贱的折磨！（埃萨·德·克罗兹《巴济里奥表兄》）

"充其量"本源义为述宾结构"充满它的度量"，通过隐喻的方式形成表示大量的"最大限度评定""最大可能估测"义，即从具体的量的概念向更加抽象的映射。在"充其量＋X"表达的是"X"量值已经达到最大，但是这个最大的量并未达到说话者心理预期量，在说话人看来仍是小量，如"充其量"经常与"不过是""也只是""只能"等表示小量的词语连续共现，例如：

（53）他是一个什么东西，充其量<u>不过是</u>一个巧舌如簧的小政客，在这个大时代中，他能蛊惑的，充其量不过几个部下的小政客。（《文汇报》2005-7-24）

（54）嗟！老板，又不是开勾栏院，什么名花不名花的，充其量<u>也只是</u>辛苦卖命的工蚁，不值一提的。（席绢《富家女》）

（55）那根本不叫咖啡了嘛，充其量<u>只能</u>称为咖啡牛奶，恶心死人的味道。（董妮《爱我吧，老公》）

"充其量＋X"这种先言大后言小与"大不了＋X"的先言小后言大的用法恰恰相反,如表 6-2:

表 6-2 "大不了"与"充其量"的使用差异

大不了＋X	"大不了"表主观小量	"X"表客观大量
充其量＋X	"充其量"表客观大量	"X"表主观小量

两者达到了异曲同工的效果,表达不以为然的言者态度,同时在会话语境中当听话人认为大量,说话人却传达了主观小量的信息,也是反预期的一种体现,比如例(54)(55)句中已有否定成分"什么名花不名花的""那根本不叫咖啡了嘛"表明了说话人的不同看法。这里要说明的是,"大不了＋X"中"大不了"表主观小量,"X"表客观大量我们采用了谢晓明、刘渝西①说法。我们文中分析"X"是极端量,可以是社会常识中的极端量如"死",也可以是言者主体推测出的最坏的结果,这种最坏的结果往往是言听双方的共识,也可以看作"客观"。

6.2.4.2 两者使用差异的原因分析

现代汉语中"充其量"后经常会直接修饰数量短语,不能与"大不了"互换,因为"大"主要是修饰体积、年龄等与数量的多少联系不大,所以不能直接修饰数量成分如(47)(48)。作为短语的"充其量"是述宾结构,引申为"最大限度",可以是说话人认定的最大限度。短语"大不了"是能性述补结构,"能性述补结构"又称"可能补语",是表示事件实现的可能性,因此"大不了"不能表示主观认定,只能表示对事件实现的可能性估测,例如:

---

① 谢晓明、刘渝西:《"大不了"的语用功用与演化过程》,《汉语学报》,2013 年第 1 期。

（56）你没事常吓唬人，算得了什么君子？<u>充其量</u>（＊大不了）小人一个。（李凉《江湖一担皮》）

（57）她算什么？<u>充其量</u>（＊大不了）是干爹的情妇，而我，名正言顺的"潇洒别墅"女主人。（孙德平《都是男女》）

（58）算了，我们签约就是，<u>大不了</u>丢掉这顶乌纱帽。（1994年报刊精选）

（59）你们别拿法律蒙我，愿意上哪儿告就上哪儿告，<u>大不了</u>我这个厂长不当了！（2000年《人民日报》）

值得注意的是，即使都是表示最大限度的估测，在某种句法环境中可以互换并不影响句子的真值义，但是对"大不了""充其量"的选择使用体现了说话人的视角（perspective），视角就是观察问题的角度，是人们认知识解的一种方式，比如例（60）和例（61）对同一件事用了可以用"被"字句也可以用"把"字句，就是因为人们的观察视角不同。

（60）这本书被我读完了。

（61）我把这本书读完了。

税昌锡（2018）认为主观性跟情态虽关系紧密，但并不就是情态，前者指人的主观意识和实践活动对客观世界的反作用或能动作用，反映在言语中则体现为说话人认识事物的主观立场，即从说话人自身出发去认识客体；而后者体现说话人以自身的情感或认知出发去看待或认识客体。因此，情态都具有主观性，但主观性并不止于情态，还涉及指称、言语行为等①。在"大不了""充其

---

① 税昌锡：《情态：定义、特征与表达手段》，《浙江科技学院学报》，2018年第4期。

量"对同一事件的描述,"大不了"体现了说话人的主观情态义,如例(51)"大不了不干"意思是我愿意忍受不干带来的后果,体现了说话人的坚决态度。邵敬敏认为"大不了"彰显了说话人的"意志力",是其力量所在①。而"充其量"更多是突出说话人的主观判断,重心不在说话人自身,而是在"充其量"后面的"数量、范围"等,不能体现主体的容忍性和坚强的意志力。"充其量不干"从说话者的角度来讲,不是不干,而是仅仅是对"干"的事情的主观态度,再如:

(62)母亲叹气,"你不用担心。""那怎么办?""<u>大不了</u>宣布破产,总之与你女孩子家无关。"(亦舒《开到荼蘼》)

(63)我问过一个美国人,倘若付不出贷款和利息,那怎么办呢?他笑着说,不会的,<u>充其量</u>宣告破产。(《文汇报》2000-6-26)

例(62)体现了说话人宁愿容忍"宣布破产"也不用女儿操心的坚决态度,例(63)表示的是主观推断,不能体现出说话人的"意志力",也就是说"大不了"的主观情态义更强,表示的是容忍性让步,充其量仅有让步义,不具有容忍义。

6.3 本章小结

本章以语气副词"大不了"为例分析了容忍类语气副词反预期的表达,主要内容涉及"容让"与反预期的关系,"大不了"反预期的表达与言者态度,"大不了"与"充其量"的用法差异等。主要观点:

---

① 邵敬敏:《"大不了 VP"的极性估测及其意志力》,《汉语学习》,2016 年第 6 期。

　　a) 容忍性让步,表示的是先容忍后选择,即"按常理本不该被接受的事情"依赖于社会固有模式或者说是社会规约性预期,当说话人容忍的事情偏离了社会规约化预期,就产生了违反社会常理的反预期,在会话中也违反了听话人的预期。

　　b) 在人们的认知里"容忍"是有程度的,有一定的量度标准,也就是说哪些事情可以容忍哪些事情不可以容忍也是有判断依据的。容让类语气副词的使用,从听者来说偏离了他们理想的容忍度,从言者角度来说往往表达坚定的态度和无所谓、不以为然的态度。

　　c)"大不了"词汇化的过程,也是主观化和交互主观化的过程,也体现在"行""知""言"三域中。

　　d) 语气副词的"大不了"句表达的是一种反预期的话语功能,主要是反听话人的预期,在"大不了$_3$＋X"中,"X"处于语用量级的极端位置,说话人选择对位于极端位置上的容忍出乎了听话人的预期,从而产生了反预期的话语功能。

　　e)"充其量"与"大不了"只有在表示极性估测义的条件下才有可能互换,但是两者的侧重不同,"大不了"主要是表达言者主体坚决的态度和意志力,而"充其量"则不能体现言者主体的容忍性,仅表达主观态度。

　　现代汉语中三音节的语气副词不多,除了"大不了""充其量"外,"不见得"和"不外乎"在特定的语境中也可以表反预期的意义,例如:

　　(64) 傅老:那当然了,会都不开了,还演说什么呀?

　　　　志国:那也<u>不见得</u>,明天领导找我谈话,估计得让我表

个态,我写了一篇稿子,先让你们听听。(电视电影《我爱我家》)

(65)筱若指了指纸张说"快点,这上面密密麻麻的一堆,一定还又写了<u>些</u>什么? 快点念!"志岁把纸张丢到一旁,"反正也不过就是一些对未来老婆的期许罢了,没什么好的,<u>不外乎</u>是要长得漂亮,脾气要好"。(子纹《撒旦情人》)

语气副词"不见得"在对话语境中是对听话人预期的直接否定,如例(64)傅老的预期是演说不会再举行了,因为"会都不开了",但是志国却认为"会不开,不代表演说就不举行"。语气副词"不外乎"表示的是"不超过一定的范围",例(65)筱若期待纸上会写好多其他的关于未来老婆的看法,志岁却用"不外乎"表达不会超过"长得漂亮"和"脾气要好"这两个方面的范围,"不外乎"表达的主观小量与听话人期待的大量也形成了反差。现代汉语中还有两个准语气副词"没准(儿)""不一定"与"不见得"的语用功能相似,都是对听话人预期的直接否定,例如:

(66)王爷说:"敢! 本爵我犯了罪,圈入高墙也不能门上上锁,除非他们反啦。"和珅说:"<u>没准儿</u>呀,他们中堂敢参皇上,奴才还不敢锁王爷吗?"(当代相声小品《中国相声小品大全》)

(67)"我想,这个村子必定是敌人的粮站。""<u>不一定</u>! 兴许敌人粮站还在这个村子前头的什么地方呢!"(杜鹏程《保卫延安》)

语气副词"不见得"与准语气副词"没准儿""不一定"及"不外乎"等的语义倾向和主观性差异值得进一步研究。

第七章 言实类语气副词的反预期与言者立场

7.1 引言

7.1.1 关于言实类语气副词

齐沪扬提出语气副词具有评价性功能,主要体现在传信评价与传疑评价两个方面①。传信关注的是客观信息来源的可靠性和真实性,可以是对消息来源的交代,也可以是对事实真实性的态度,也可以是对事件的确信程度,据此列出两组具有传信作用的语气副词,一是表示说话人对确定的客观事物的肯定或否定的态度,如:一定、必须、必然、确实、诚然、的确、根本、万万、真正;二是表示说话人对确定的客观事物的形成事由的解释,如:怪不得、原来、难怪、本来、果然、果真。

张则顺整理出现代汉语中 37 个确信类语气副词包括"定、准、一定、准定、定准、准保、肯定、笃定、必、必定、必然、必将、势

---

① 齐沪扬:《语气词与语气系统》,安徽教育出版社,2002 年,第 226 页。

必、当然、自然、显然、诚然、其实、确、的确、确乎、确实、着实、委实、实在、真、真的、真是、真正、断、决、绝、绝对、无疑",这类语气副词又可以再分为必然类和实然类①。

蔡俊杰把其中的实然类语气副词归于言实范畴,主要成员包括:真、真是、真的、果真、当真、实、实在、其实、确实、委实、的确、确然、显然、诚然、果然、诚、正、实际上、事实上,并指出言实性范畴是语言传递过程中对语言质性的把握,是言听双方在信息传递中根据语境、证据的可及性等所作的一种言者编码的证实②。

本章采用"言实性"说法,因为该概念更能体现言者与听者的互动,反预期的表达离不开言听双方的互动。

7.1.2 "言实"与反预期

上文提到从预期视角可以将语言传递的信息分为预期信息、中性信息和反预期信息,从言实类语气副词所传递的信息类型上看,三者皆可,例如:

(1)<u>果然</u>不出我所料,当我从他们身边跑过时,其中一位跟了上来,开始和我一起跑,可他跑的样子"很不寻常",像只笨熊。(《青年参考》2009-4-17)

(2)他们来我这儿吃饭,一是我的菜<u>确实</u>好吃,大饭店里没有,还很便宜,一个菜只有几毛钱;另外,他们到悦宾饭馆,是来看看。(《中国青年报》2008-4-9)

---

① 张则顺:《现代汉语确信副词研究》,《中国社会科学出版社》,2015年,第83页。
② 蔡俊杰:《汉语信息传递中的言实性的表达研究》,上海师范大学博士学位论文,2018年。

（3）有钱的人容易做好人。<u>其实</u>……唉！天下哪有什么好人。（张恨水《北雁南飞》）

句中的语气副词"果然""确实""其实"都是对其所辖命题信息的言实性确认，只不过"果然"传递的是预期信息，从"不出我所料"就可以看出事件的结果符合说话人的预期；"确实"传递的是中性信息，只是对"菜好吃"的强调；"其实"传递的反预期信息，从其后两个成分"有钱的人容易做好人"和"哪有什么好人"对比可以看出。本章关注的是传递反预期信息的言实性语气副词。

言实性语气副词之所以可以表达反预期话语功能，是言者对听者的关注，这种关注可以体现在认识意义上，即关注听话人对命题内容的态度，但更多的是体现在社会意义上，即关注听话人的"面子"或"形象需要"，体现了言语交际中的交互主观性。在实际交流中，如果说话人用真实情况直接对另一方的观点进行纠偏，是不礼貌的，有必要借用"其实""事实上""实际上"等相关的语言手段作为引入实情信息，让听话人有相应的心理准备，所以这时的语气是委婉的，这也是人际互动中"礼貌原则"的体现，例如下例中如果去掉"其实""实际上""事实上"就不会起到缓和语气的作用。

（4）"我对你说的，<u>其实</u>并不是指的这个。"杜尼娅稍有点儿不耐烦地打断了他。（文学翻译作品《罪与罚》）

（5）到那以后，就是大家想到那就是玩，<u>实际上</u>并不是，其实他的课程是有张有弛的，从初中开始就比小学的时候要忙一些，到了高中又更忙。（电视栏目《锵锵三人行》）

（6）家都是在同一个班里头，一样穷得叮当响，可是<u>事实上</u>并不是这样。（电视栏目《锵锵三人行》）

7.1.3　"言实"与言者立场

立场（stance）是指说话人根据评价（evaluation）、意向性（intentionality）、认识论（epistemology）或社会关系（Social Relations）来定位自己和正在进行中的互动交际之间关系的一种方式[①]。上文我们提到 Du Bois 在解读立场意义时，从方法论的角度提出了"立场三角理论"[②]。"立场三角"也能够体现出从信息传递的视角和全过程来考察信息传递中的各个要素之间的互动关系，以及从这种互动关系中所反映出的言者、听者、话语中的评价标记之间是如何合力促进信息成功传递的。"立场三角"涵盖了评价、定位和协调等不同的功能，它们不是立场表达中的三个独立类型，而是立场行为中的不同方面，即整体立场行为的附属行为。在此基础上，他认为立场是由社会行为者以对话的方式、通过外在的交际手段发出的公开行为，这种公开行为在社会文化领域中的任意显著维度上同时对客体进行评价，对主体进行定位，并且与其他主体建立联系。立场表达的重要性体现在它在语篇中的三大功能：一是表达作者或说者的观点，传达个人或社团的价值体系；二是建立和维持作者与读者之间、说者与听者之间的关系；三是

[①]　Jaffe, Alexandra(ed.). *Stance*：*Sociolinguistic perspectives*[C]. London：Oxford University Press，2009.

[②]　Du Bois, John W. The Stance Triangle[A]. In Englebretson, Robert(ed.). *Stancetaking in Discourse*：*Subjectivity*，*Evaluation*，*Interaction*（Pragmatics & Beyond New Series 164）[C]. Amsterdam：John Benjamins，2007.

组织文本或话语,即组篇功能①。

立场是从互动的视角对言者在信息传递中对命题信息的认识、态度、评价等的主观表达,由此形成从言者到听者、由言谈双方到传递信息之间的三方面互动关系。在立场所包含的下位分类中,认识立场、态度立场、风格立场等都是重要的表达层面,其中,认识立场作为立场表达的其中一个子类,主要涉及说话人或作者对所言或所写信息的确认度,以及信息的来源②。言实类语气副词主要表达的是说话人的认识立场。

"其实"是现代汉语中常用的言实类语气副词,并且体现了言者的认识立场,在句中起到了确认立场的表达和加强语气的作用。从已有文献来看关于"其实"的研究主要集中在三个方面,一是"其实"的词汇化与语法化研究,如董秀芳③、刘红妮④等的研究,二是"其实"的主观性与主观化研究,如崔蕊⑤、陈丽⑥等的研究,三是"其实"的篇章衔接功能如廖秋忠⑦、王江⑧等的研究。本章把"其实"放到互动的会话语境中去考察它特殊的语用功能,用真实的会话语料作为支撑,从而更好地揭示言谈交际背后体现的反预期。此外,"其实"可以与不同的语气词组合,标记与说话人

① Thompson(ed.). *Evaluation in Text: Authorial Stance and the Construction of Discourse*[C]. Oxford: Oxford University Press, 2000.
② 方梅、乐耀:《规约化与立场表达》,北京大学出版社,2017年,第34页。
③ 董秀芳:《词汇化:汉语双音词的衍生和发展》,四川民族出版社,2002年,第156页。
④ 刘红妮:《汉语非句法结构的词汇化》,上海师范大学博士学位论文,2009年。
⑤ 崔蕊:《现代汉语虚词的主观性和主观化研究》,知识产权出版社,2014年,第115页。
⑥ 陈丽:《从主观确认到关联标记:副词"其实"转折功能的形成》,《延边大学学报(哲学社会科学版)》,2016年第6期。
⑦ 廖秋忠:《语用学的原则介绍》,《国外语言学》,1986年第4期。
⑧ 王江:《篇章关联副词"其实"的多角度分析》延边大学硕士学位论文,2003年。

知识立场之间的关联，也是本章研究的对象。

7.2 "其实"的反预期表达

7.2.1 "其实"反预期表达的类型

《现代汉语八百词》解释"其实"为副词，用在动词或主语前表示认为的事情是真实的，它有两种功能：a)引出和上文相反的意思，有更正上文的作用。b)表示对上文的修饰或补充①。《现代汉语词典》认为"其实"承上文而含转折意，表示所说的是实际情况②。《现代汉语语气成分用法词典》把"其实"解释为："表示所说的是实际情况，承接上文，作进一步说明，前后意思是一贯的或转入另一层意思主旨在说明事实真相"③。各家表述大同小异，"其实"的核心语义是"所说的为事实情况，具有转折意味"。

语气副词并不像其他副词那样，它的位置比较灵活，或者位于主语前面或后面，或者位于动词、形容词前面④。作为典型的语气副词"其实"句法位置可以位于句首、句中和句尾，例如：

（7）<u>其实</u>我一不是她丈夫，二不是她哥弟，她和姓刘的姘着也好，她嫁姓刘的做三房四房也好，我管不着，何必怕我见她？（张恨水《夜深沉》）

（8）杭天醉<u>其实</u>一点没有明白世界发生了什么，他只是一个劲地点头。（李国文《世态种种》）

---

① 吕叔湘：《现代汉语八百词（增订本）》，商务印书馆，1999 年，第 389 页。
② 中国社会科学院语言研究所词典编辑室：《现代汉语词典（第 7 版）》，商务印书馆，2016 年，第 1024 页。
③ 齐沪扬：《现代汉语语气成分用法词典》，商务印书馆，2001 年，第 70 页。
④ 齐沪扬：《与语气词规范有关的一些问题》，《语言文字应用》，2003 年第 2 期。

（9）不过我的想法恰恰相反，我觉得任先生编的这些哲学史是一般人比较能看懂的，其实。（凤凰卫视《锵锵三人行》）

"其实"位于句首具有高位功能，位于句中具有低位功能，高位功能与低位功能是不完全一样的，具有高位功能的语气副词的管辖范围是全句，是对整个命题进行表述；具有低位功能的语气副词的管辖范围是句子中的述题部分，是对述题部分进行表述。如例（7）"其实"位于句首，具有高位功能，管辖全句，是对整个命题"我一不是她丈夫，二不是她哥弟，她和姓刘的姘着也好，她嫁姓刘的做三房四房也好，我管不着，何必怕我见她"整个命题进行评述。例（8）"其实"位于句中，具有低位功能，是对主语"杭天醉"后的述题部分进行表述。语气副词位于句末，多出于特殊的语用目的，它与位于句首的功能一样，具有高位功能，管辖整个命题，将其前面的命题整体激活为新信息。在北京大学 CCL 现代汉语语料库中随机搜索含"其实"的语气副词用法两百例，位于句首的 107 例，占 53.5%，位于句中的 93 例，占 46.5%，两种用法基本相当，没有发现位于句尾用例，可见"其实"位于句尾是表达的特殊语用需要，用"其实"进行追补，更能凸显说话人的主观情态。

语气副词"其实"含有转折义，转折恰恰是反预期的体现。吕叔湘指出转折多半是甲事在我们心中引起一种预期，而乙事却轶出这种预期，因此从甲事物到乙事物期间有个转折①。从广义上讲"轶出预期"也可以看为反预期，因为是对预期的偏离。从《现

---

① 吕叔湘：《中国文法要略（增订本）》，商务印书馆，2014 年，第 340 页。

代汉语八百词》上对"其实"的解释来看,"其实"的转折用法可分为"重转"与"轻转"两种①。重转就是与上文意思相反,更正上文,逆转义明显,轻转就是对上文进一步补充或修饰,例如:

(10)你说很大,其实我觉得很小,我觉得桃花源就是每一刹那,我觉得在活着的每一刹那。(当代口语《杨澜访谈录》)

(11)"嗨,来吃饭啊!"金根愉快地向那孩子大声喊着,其实完全不必要,她早已等不及地把自己的一只凳子搬了来了。(张爱玲《秧歌》)

(12)其实不仅仅是焊工,很多传统技术工种这几年都遭到了冷遇,现在的大多数年轻人都在围观网红,像焊工、钳工、汽车装调工这种又苦又累、待遇一般的职业并没有太多吸引力。(《中国青年报》2018-9-14)

(13)其实还有一点你并不清楚,如果没我们,你也一样不可能会有今天。(张平《抉择》)

例(10)例(11)"其实"强调命题信息与前面所提信息相反,属重转,例(12)例(13)认为前面命题信息不足,"其实"后续成分是进一步补充说明,属轻转。重转是预期的对立与否定,如例(10)杨澜认为桃花源很大,但是接受她采访的赖川声却认为桃花源很小,与杨澜的观点恰好相反。轻转是因为听话人认为自己已经表达得很充分了,但听话人认为还需进一步加以补充,这种充分与不充分的对立也可以看为反预期,如例(12)听话人认为在招生过程中"焊工"遭到冷遇,说话人则认为听话人表达得不全面,

---

① 何向东:《"其实"的逻辑特征初探》,《河南大学学报(哲学社会科学版)》,1988年第6期。

不仅焊工,像钳工、汽车装调工等传统技术工种一样遭到了冷遇。因此,我们可以把"其实"看为一个反预期标记。

何向东把"其实"的这两种的用法的语义模型记为:P,其实 ̄P(̄P是对P的否定);P,其实PR(PR是对P的补充)①,也就是说"其实"至少包含前承命题P和后续命题 ̄P或PR,我们统一记作,P,其实Q。P为背景信息,也是预期信息,Q是前景信息,表示的与预期相反的实情信息。从反预期的类型上来说,语气副词"其实"所表达的反预期信息可以是与听话人预期相反、与说话人预期相反及与社会共享信息相反,其中最常用的是与听话人预期相反,例如:

(14)孙小红道:"我刚才既然已没法子再对她下手,就等下一次机会。"李寻欢悠然道:"<u>其实</u>你根本不必等,刚才也可以下手,无论她说什么,你都可以不听。"(古龙《小李飞刀》)

(15)"好啦,我们不必互相检讨了。来,干一杯,希望你再找别找我这么厉害的。""你不算厉害,你<u>其实</u>挺温柔,只是我太自私。干!下次千万别找我这样自私的男人。"(王朔《过把瘾就死》)

(16)"德国红军?那也是穷人的队伍了。"然后一起用眼瞧马青。"<u>其实</u>你们不明白,外国那红军也都是有钱人。"杨重替马青圆场,"闹革命玩恐怖在外国都是有钱人的娱乐,时髦着呢。"(王朔《顽主》)

例(14)—(16)听话人的预期分别是"等下一次机会""我很厉害""德国红军很穷",这些预期往往通过具体的语言形式表现出

---

① 何向东:《"其实"的逻辑特征初探》,《河南大学学报(哲学社会科学版)》,1988年第6期。

来,"其实"表达了说话人强烈的主观意志,后续部分与听话人的预期形成了鲜明的对比,如"根本不必等""你很温柔""外国那红军也都是有钱人"。

"其实"可以位于主语前,也可以位于主语后,并且主语第二人称"你""你们"居多,也可以是第一人称和第三人称,例如:

(17)"大表嫂,你误会了,"梅说着又马上更正道:"其实我何必瞒你。……是我们的母亲把我们分开的。"(巴金《家》)

(18)"挺好的,挺逗的。他们还挺熟呢""你没发觉,他们其实顶无聊、顶空虚?"(王朔《顽主》)

当"其实"后续部分所传递的信息与说话人自己的预期相反时,主语往往是"我""我们",例如:

(19)烂眼圈马王爷,原先,我以为他只是个做饭的角色。其实我错了,他在痞巷的位置,大约相当于管事。(《作家文摘》1995)

(20)我被停后以为必死无疑了,其实完全不是那么回事。(李云峰《西安事变史录》)

(21)其实我预期自己很可能是一辈子都不得奖的人,作为一个主持人,得奖的那一刻对我来讲好像是多余的,额外的,但要说不在意吗? 当然在意。(电视访谈《鲁豫有约》)

社会共享预期,一般是所说的常理,它是基于人们对客观世界的认识和经验建立起来的"常规",其反预期形成机制往往是违反了人们的合情推理,即如果有情况 p,那么一般会有 q,但实际上是非 q[①],例如:

---

① 陆方喆:《现代汉语反预期标记研究》,中国社会科学出版社,2017 年,第 93 页。

（22）我们通常说中国哲学讲天人合一，<u>其实</u>这个讲法不确切，中国哲学采取的是对立统一的中道方式，从对立中寻求合一，在合一中看到对立。（余敦康《哲学导论》）

（23）提起"圣诞"，人们总以为是个"洋词儿"，<u>其实</u>不然，在我国历史上，不光有着自己的"土"圣诞（也都是节日），而且名目还十分繁多呢。（鲍延毅《中国"圣诞"知多少》）

在对语料的考察中，我们发现有两种情况值得注意。

（一）在"P，其实Q"作为背景信息的P往往会隐含，但是我们仍可以通过前景信息Q，发现或者推理出预期对比项P，例如：

（24）<u>其实</u>语言是音与义的结合，我们不应该也不可能从一个个方块形体的构造上去了解语言的意义的。（胡附、文炼《现代汉语语法探索》）

（25）小龚的妈妈<u>其实</u>不会打快板，但她的孩子自己创作的快板《新生》需要她，对于普通中小学，我们希望适龄的孩子"一个都不能少"。（蔡俊杰2018用例）

这两例中上文并未出现前承事件P，但是例（24）我们可以在"其实"的后续事件中找到与预期的相关的对比项信息并推测出对比项为"我们应该可以从一个个方块形体的构造上去了解语言的意义的"。这个预期对比项是作者对人们预期的一种估测。例（25）可以根据语境去推理预期的对比项为"因为小龚的妈妈不会打快板，所以孩子不需要她的帮助"。

（二）说话者对自己的观点的自我更正，是对自己原有观点的否定，例如：

（26）白芸是济南人——<u>其实</u>也不是济南的，老家在东北，她

父亲是张学良部下的一个团长，一家人都跟着父亲东奔西颠。（冯德英《苦菜花》）

（27）我给你讲一个故事，<u>其实</u>也不是故事，是真事，就是我一个朋友医院里的事儿，二院的。（皮皮《比如女人》）

7.2.2　"其实"反预期表达中的"三个层次"

反预期产生是对比认知推理的过程，"其实"也不例外。方梅、乐耀在研究语气副词"倒是"言者态度的表达时，讨论了"倒是"意义理解的三个层次"对比层""认识层"以及"语气层"[1]，这种强调语气副词用法的分层而非分类的新观点，可以借鉴到研究其他语气副词的用法上面。上文提到语气副词"其实"的语义模式可以简单概括为"P，其实 Q"，"P"与"Q"可视为两个对比项，前者是预期信息，后者是言谈所涉及的实际情况，这种实际情况，可以是客观存在的实际，也可以是说话者对实际情况的主观认识，例如：

（28）自然当时不知道是什么，依通常计算虽叫作三岁，<u>其实</u>只有十八个月左右，一切都是很模糊的。（许地山《我的童年》）

（29）人家叫他做华德莱先生，说是无政府主义者，革命党，外国人，但说不清是俄罗斯人还是比利时人，<u>其实</u>他是法国北方人，早已不是什么革命党。（罗曼·罗兰《约翰·克利斯朵夫》）

（30）"总之进入了追求刺激的时代，欣赏'沙滩男孩'的时代已经过去。""<u>其实</u>《愉快的摇颤》之后的'沙滩男孩'也并不坏，有

---

[1]　方梅、乐耀：《规约化与立场表达》，北京大学出版社，2017 年，第 101－106 页。

听的价值。"(村上春树《舞！舞！舞！》)

（31）"就算老裴怕他，跟我有什么关系呀？奇了怪了！""<u>其实</u>一点都不奇怪，老裴误以为你是守仁带去的朋友，不问清楚，是不能随便上手的。"(格非《江南三部曲》)

例（28）与例（29）对比项都是客观事实，崔蕊把这种对比现象称为现象与实质的对比[①]，例（28）是"三岁"与"十八个月左右"对比，例（29）"他是俄罗斯人或比利时人"与"他是法国北方人"进行对比。例（30）（31）后面的命题 Q，已不是客观事实，而是说话者对实际情况的主观性认识。例（31）是对"听沙滩男孩已过时"的主观回应认为"沙滩男孩也并不坏，有听的价值"，例（31）说话者更加明显地表达了自己的主观看法，并试图消解听话者的认为"奇怪"的疑虑。

从语体的角度来看，客观性比较多用在叙述体或独白体中，主观性比较多用于对话体，客观性比较中的"其实"仍然保留了它作为偏正短语的本源义"它的实际情况"的痕迹，例如：

（32）他善讽刺画，常由池北偶配诗，说是配诗，<u>其实</u>多是配画，因为池北偶的诗题先行。(1994 年报刊精选)

（33）在企业，到了吃饭时间，主人便邀客人吃顿便饭。说是便饭，<u>其实</u>很丰盛，菜一大桌，陪吃的人八九个，还要喝酒。(1996 年《人民日报》)

例句中的"说是"可看作反叙实性的话语标记，具有"预转"功能，在上文中找不到是谁"说"的，说话者在叙述一件事情表达自

---

① 崔蕊:《现代汉语虚词的主观性和主观化研究》，知识产权出版社，2014 年，第 115 页。

己的态度和认识,自己心理往往有个预期,而这个预期和现实情况相反。因此,我们认为,比较项为客观对象时,整个命题仍然包含了说话者的主观认识,可以通过语境推理出反预期义,只不过没有比较后项 Q 为主观认识时所表达的反预期语气强烈罢了。可见,"对比层""认识层"以及"语气层"并非孤立的,而是相互联系的三个方面。

7.2.3 "其实"的再语法化:从反预期标记到话语标记

话语标记是话语层次标记,它依附于前后话语是划分说话单位的界标,话语标记对语句意义不起作用,是人们口语交际中常见的现象,它们传递的并非话语的语义内容,而是为话语理解提供信息标记,从而对话语理解起引导作用的程序性意义,是元语言的一种表现形式①。可见,话语标记在句法上具有非强制性,语义上具有非真值义,功能上具有元语用性。"其实"作为话语标记不再强调前承事件的真实情况,也不存在对比性成分,主要起到语篇组织功能,如话题顺接、话题找回、话题切换,言语行为功能,如话轮的抢占。

7.2.3.1 话题顺接

话题顺接就是使同一话题延续下去,"其实"可以帮助话题推进或延续,例如:

(34)梁冬:就讲到这个存天理,灭人欲这个事,我以前也一直很不理解,我认为呢这个很不人性化,为什么要灭人欲呢?

---

① 曹秀玲、辛慧:《话语标记的多源性与非排他性——以汉语超预期话语标记为例》,《语言科学》,2012 年第 3 期。

是吧。

　　　　罗大伦：是的，其实这个程朱理学的这个理念后世一直有争议，大家在讨论到底是什么东西。其实我觉得呢，如果简单地把它说成灭人欲，就把我们的性情全部去掉，是不可能的，这是不可能的。（电视栏目《梁冬对话罗大伦》）

　　（35）苏苏父亲：当然，我这个我也知道我的想法是不正确的，挺好的事儿给想歪了，啊，你要对我呀狠狠地批评和教育。

　　　　和平：其实，我有的时候也想，咱们互相批评吧。（电视电影《我爱我家》）

　　例（34）和例（35）中的"其实"是对话题的进一步说明，不再表达反预期意义，例（34）罗大伦用两个"其实"都是对"存天理，灭人欲"这一程朱理学观念的进一步阐释。例（35）中和平用"其实"也是接续上一话题"批评教育我"。

7.2.3.2　话题找回

　　人们在言谈过程中往往会偏离原本讨论的话题，这时会借助一些手段把谈话重新拉回到原来的话题上，如例（36）谈话者就"留北大花钱多"这一话题进行自由交谈，A 与 D 插入无关话题，B 用话语标记"其实"找到"花钱多"的主题，使之继续讨论下去。

　　（36）［读书花销］

　　1　A：然后留在北大。

　　2　C：花了..［花了不少钱呢］

　　3　A：　　　［咱们做个伴儿］

　　4　D：宋兵..我们俩多有缘分吧。

　　5　A：啊？

　　6　B:[其实花钱多]—

　　7　C:[以前]—

　　8　B:我给你说...有多少人想花这钱还花不了呢。

7.2.3.3　话题切换

话题切换是两个不同话题的转换,就是停止当前话题引入一个新的话题,如例(37)谈论的话题是"在外边找女朋友",而志国却转变话题谈他与和平关系。例(38)前一话轮谈论少年儿童在国外留学的情况,B话题一转谈自己当年的困惑,时代不允许没有机会学好英语。

　　(37)和平:这么说你还没结婚呐? 不可能呀,就凭你们家这条件,你还愁在外边找不着个……女朋友?

　　　　志国:在外边找女朋友,找到是能找着,我也得敢哪我。和平啊,其实,咱俩吧,都已经啊……嘿嘿,原先啊……后来……你就说你现在乐意不乐意吧? (电视电影《我爱我家》)

　　(38)[留学]

　　1　A:你还是得看到绝大部分..这个少年儿童..在全世界

　　　　各地成长的都基本上还是都比较正常=

　　2　B:其实呀..我们的困惑呀..就是在..你比如说我们从

　　　　小..没有这个阘没有这个学习英语的这个^机会而

　　　　你有的时候也晚了。

7.2.3.4　抢占话轮

在言谈过程中,为了争取说话的机会,说话人往往会在他人言谈正在进行时打断,插入新的话轮,表达自己观点。如例(39)A还没说完,B就用话语标记"其实"打断,开启一个新的话轮。

(39)［学术研究］

 1 A：它这个医院…就叫..就叫 临床^医学院。

 2 C：它这个是..确实是..都是首医…首医大，

   哦..就是北京医科大学过来的。

 3 A：对对对…它底下的一

 4 B：其实［我倒有时候］想想这学医的人真是搞研究

   的话。

 5 A：   ［临床医学院］

 6 B：可容易出成就了因为就是说，

   这病总是在不断地出现新的病品种啊。

"其实"作为话语标记更多体现语篇的人际功能，概念功能＞语篇功能＞人际功能是语言三大元语功能按语法化程度由低到高的排序，话语标记"其实"是反预期"其实"进一步语法化和主观化的结果。崔蕊认为"其实"话语标记的产生与人的认知推理有关，当"其实"直接表达对心理事实的确认时，作为背景信息的 P 就不存在了，只剩"其实 Q"，再进一步发展为说话人对当前场合谈论的话题是合适的这种心理现实的确认，就产生了话语标记功能①。我们赞同这一观点，除此之外，这种现象的产生离不开"其实"在口语中的高频使用，在口语性强的，约 2 亿字规模的中国传媒大学媒体语料库中，共 89297 例"其实"用例，远高于约 3 亿字的北京大学 CCL 语料库中 47262 用例。"其实"经常用在句首也为其进一步语法化提供了有利的句法位置。总之，"其实"作为话

---

① 崔蕊:《现代汉语虚词的主观性和主观化研究》，知识产权出版社，2014 年，第 129 - 130 页。

语标记是在其高频使用中反预期义逐渐弱化消失，话语组织和言语行为功能逐渐增强过程中形成的。

7.3 "其实＋语气词"与言者的认识立场

语气副词"其实"经常跟语气词"呢""吧""嘛""呀""啊"连用作为话语标记表达反预期的话语功能，例如：

（40）"这一笔是挨着那添下去的，并且数目是七十元，这一个可不贱！""<u>其实呢</u>，七十元在他的身上真不算什么，他那一夜不在赌博中输赢一两百。"（胡也频《便宜货》）

（41）更有不少家长患上了"被剩恐慌症"，他们对孩子谈恋爱的态度也有了 180 度的转变，从以前的盯、跟、防，急转为现在的鼓励、催促，甚至亲自帮子女物色结婚对象。<u>其实吧</u>，孩子的事情还是顺其自然好。（《中国青年报》2012-5-29）

（42）他总是说"那个年轻人"或"年轻的山姆"，好像山姆不过是个小孩儿似的。<u>其实嘛</u>，他们俩都是老头了，或者说差不多是老头了。（斯蒂芬·里柯克《山姆大叔》）

（43）余志芳：你越神气，我们越不爱理你！齐凌云：<u>其实呀</u>，我并不像你们想的那么神气！（老舍《女店员》）

（44）如果他来接受咨询，他也一定会怀疑他选定的咨询师。<u>其实啊</u>，你大可不必向他解释你的清白，而是应该想想他在打这个电话之前，为了克服自己的怀疑花了多少的勇气。（《中国青年报》2007-10-23）

方梅认为语气词有互动性和非互动性之分，互动性语气词是言者即时交际手段，语境中有其他言谈参与者，言者希望听者给予回应,如要求证实、呼而告知、提醒、警告、宣告、寒暄、责备。非互动语气词不依赖言谈参与者,如:感叹、列举。与"其实"后附语气词为互动性语气词[1]。虽然这些语气词可以用在"其实"后,但它们体现的言者认识立场也有细微的差异。认识立场是说话人基于双方知识地位之间的对比进行的表达,这种表达是一个动态的过程,也体现了交互主体之间的互动性[2]。

7.3.1 "其实＋语气词"的用例差异

现代汉语语气词主要有"啊、嘛、吧、呢、呗、吗、了、的、着呢、来着、不成"等,有些语气词还有相应的变体形式,如"啊"的变体可以有"呀""哇""阿"等;"呢"的变体有"呐""哩""咧"等[3],经过对大量的语料考察,可以与"其实"组配的语气副词有"呢""吧""嘛""啊""呀",且它们的出现频率也有所不同,在对北京大学现代汉语语料库的统计后,得出他们使用情况如表 7-1:

表 7-1 "其实＋语气"在北大语料库中的出现次数

语气副词＼语气词	呢	吧	嘛	啊	呀
其实	154	4	9	33	29

使用频率的差异在于"其实"传递的是言实性信息,表达实际情况或者说话者主观认为的实情,与语气词的"传信度"是相吻合

---

[1] 方梅:《再说"呢"——从互动角度看语气词的性质与功能》,《语法研究和探索(十八)》,商务印书馆,2016 年,第 1–18 页。

[2] 田婷:《自然会话中"其实"的话语标记功能及言者知识立场》,《汉语学习》,2017 年第 4 期。

[3] 齐沪扬:《语气词与语气系统》,安徽教育出版社,2002 年,第 188–189 页。

的,齐沪扬在语气词的传信与传疑功能之间建立了一个连续统,如图 7-1①:

的	了/呢₂	啊吧	呢₁	吗
传信功能			传疑功能	

图 7-1　齐沪扬(2002:192)语气词的传信与传疑功能的连续统分布

　　位于图左边的语气词传信度强,位于图右边的传信度弱,传疑度强。从我们统计的"其实"与语气词的使用频率来看,基本符合这个连续统分布。

　　"呢"的用法有很多,一般认为"呢"的主要用法有两种,一种是表疑问的"呢₁",另一种是表陈述的"呢₂"。"其实呢"出现的次数最多,说明"呢"的传信度较强,其次分别是"啊""呀""吧","呀"是"啊"的变体形式,所以用例相当。现代汉语语气词"嘛"表示的事情本应如此或理由显而易见,含有说话人对自己所说话的确信态度,并且引出话题,其后的论述是有依据的,一般这种依据是不容置疑的②,所以"嘛"的这种情态义是跟"其实"的言实功能相契合,可以连用,表疑问的"呢₁""吗"不可以与"其实"连用。另外一个常用的单音节高频语气词"呗"的核心情态义为"述唯弃责"与"其实"的言实功能也是不相容的。"述唯",指说话人认为自己的话是唯一的可能,"弃责"指的是说话人没有经过积极思考轻率发话,并放弃自己可以对听话人的交际身份做处置的责任③。因此在语料库中没有发现"其实呗"的用例。

---

① 齐沪扬:《语气词与语气系统》,安徽教育出版社,2002 年,第 192 页。
② 徐晶凝:《现代汉语话语情态研究》,昆仑出版社,2008 年,第 181 页。
③ 徐晶凝:《现代汉语话语情态研究》,昆仑出版社,2008 年,第 197 页。

7.3.2 "其实＋语气词"立场差异及在会话中的体现

"其实"在语义和功能上都处在认识立场范围之内,因为它涉及说话人或作者对所言或所写的信息的确认度,以及信息的来源。一方面强调所引事实,另一方面体现了表达言者/作者对所认定事实的认识优势(epistemic primacy)。田婷从与自身相关的情况、自己观点和客观事实三个方面分析了"其实"的知识优势①。"其实"与不同语气词组配,虽然也是体现言者的认识优势,但由于语气词不同也会有细微的差异。

(一)"其实呢"与言者的认识立场

"其实呢"经常用在表"轻转"的话语情境中,反预期比较弱,起到提醒听者注意,缓和语气,并保持话轮的作用,例如:

(45)高寒缺氧和缺乏睡眠使他嘴唇乌紫,眼睛布满了血丝,每处治完一名病人,这位李大夫大汗淋漓,有几次差点虚脱晕倒在手术台上。<u>其实呢</u>,不仅仅是救援队员要承受高寒缺氧,就连这搜救犬那也是硬撑着。(《人民日报》2010-4-16)

(46)许戈辉:这个测试是说,你骑摩托车的时候,有东西掉了但是因为车速太快,你不可能回头去捡,那么你最不希望你这个掉的东西是什么,选择 A.手机;B.男友或者是女友送的有纪念性的礼物;C.钱包,那里边有钱,证件什么的;D.刚买的心爱物。

倪妮:我觉得手机吧。

许戈辉:手机。<u>其实呢</u>,这个测试是看你最重视的人是

---

① 田婷:《自然会话中"其实"的话语标记功能及言者知识立场》,《汉语学习》,2017 年第 4 期。

谁,如果是男女朋友送的有纪念的东西,那一定是爱人,皮包代表最重视的是自己,心爱物是亲情,那么手机代表的是朋友,是吗?(电视栏目《名人面对面》)

(47)曲黎敏:这个"礼"实际上是对人性的约束,但是话说回来了,为什么孔子会强调这些?

梁冬:对。比较弱。

曲黎敏:他认为这些,就说得你首先心里要明白人生是要有规矩的,就说其实呢就是在孔子的言论里边他有一个很核心的一点,叫"发乎情,止乎礼"。(电视栏目《梁冬对话曲黎敏》)

"呢"无论位于句中还是句末,目的都是提醒说话人的注意,并告知当前话语跟先前的陈述有关,以调整与听者的共识①。"其实呢"也是提请听话注意,后续内容往往是进一步补充说明,并不是直接否定听话人的观点。

(二)"其实吧"与言者的认识立场

"其实吧"的语气比较缓和,主要是提出观点与听者协商,寻求听者认同或保持与听者一致的立场,例如:

(48)"我不要听,我不要听。"女人赶紧分辩。二爷举起酒盅,"其实吧,听听也无妨的,听得有趣便听,听得无趣便不听,随你的便。""我不要听,你不要说……""你要真的不听,那还得喝酒。"二爷说着又举起了盅。女人又喝了。她宁肯喝酒。(当代报刊《作家文摘》1993)

(49)志新:咱家属于知识分子的也只有小凡一人儿了,她应

---

① 方梅:《再说"呢"——从互动角度看语气词的性质与功能》,《语法研究和探索(十八)》,商务印书馆,2016年,第1-18页。

该属于文明进步的代表,我相信,她是敢于以身试法冲破旧观念,也让咱们群众,学有目标,赶有方向。

　　　　小凡:既然大家对我的期望值这么高,我也就不瞒着大伙了,其实吧,我挺喜欢孟老师的……(电视电影《我爱我家》)

　　高增霞认为"吧"表示的是"在线联盟"(on-line alignment),言谈双方暂时性地持共同立场,以便言语行为继续①。郑娟曼认为"吧"在话语层面的互动用法为"求证""协商"②。我们认为"其实吧"的主要是寻求认同或保持一致立场。如例(49)小凡说"大家对我的期望值这么高,我也就不瞒着大伙了",接着用"其实吧"引出事实寻求大家的认同并与大家的立场保持相同,因为大家认为小凡是文明进步的代表,敢于以身试法冲破旧的观念。但从认识优势上来说,比较低,因为并没有直接表明自己的认识立场。

　　(三)"其实嘛"与言者的认识立场

　　在 ccl 语料库和 bcc 语料库中所搜集的"其实嘛"都是用在反预期的语境中,它是强调所说的事实,且不容分辩,例如:

　　(50)哪里哪里,顺便说说罢了。其实嘛,我才是这两位的奴隶呢。(残雪《残雪自选集》)

　　(51)尹二出现在客厅边门的门口,轻松地抖抖手里半尺宽的一条红绸,说:"先生,其实嘛,哪是什么红旗呀! 就这么一条旧绸被面上撕下来的赶鸽子飞的飘带! 隔壁姓叶的真是吃饱了饭乱管闲事欺侮人!"(王火《战争与人》)

---

① 高增霞:《从互动角度看"吧"的使用》,《福州大学学报(哲学社会科学版)》,2016 年第3 期。

② 郑娟曼:《所言预期与所含预期——"我说呢、我说嘛、我说吧"的用法分析》,《中国语文》,2018 年第 5 期。

"嘛"的核心情态义表显而易见,毋庸置疑,"其实嘛"认识优势比较高,明确表明了自己观点,反驳了听者的观点。如例(51)说话人用"哪是什么红旗呀"反驳了听话人把"红绸当红旗"的错误看法。

(四)"其实啊/呀"与言者的认识立场

徐晶凝将"啊"的原型义概括为"强传信式告知请求",希望听话人倾听并认同①。"呀"是"啊"的音变形式,在实际使用中逐渐取得了与"啊"的同等地位,徐晶凝经过对大量语料的调查分析印证了这一点,并发现,在句中"呀"与"啊"用法已无显著差别。"其实啊/呀"在互动语境中主要是要求听话人注意倾听自己观点,并表明了与听话人立场观点的不一致,且要求听话人去认同自己的观点,例如:

(52)"你一手抓粮食物资供应;一手抓民夫担架;还有一手抓战斗,亲自帮许凤同志攻下两个据点;还有一手抓发动群众慰劳子弟兵!一两天内办这么多事,可真不易呀!对!四只手。""什么?我四只手?其实啊,我一只手也不多,是群众的手多嘛!"(雪克《战斗的青春》)

(53)方大凤:妈!王先生是咱们的恩人!他救过妹妹两次!您怎可以这么对待他呢?

　　　方太太:恩人?都是他把你们教坏了的!没事儿弄点花生米,白干,来哄我;大嫂长,大嫂短,叫得震心。其实呀,一肚子都是坏。我现在看明白了,不再上你的当!(老舍《方珍珠》)

---

①　徐晶凝:《现代汉语话语情态研究》,昆仑出版社,2008年,第140页。

　　"其实"与不同语气词组配所体现的认识立场的差异主要还是要看最小对比项语气词在互动语境中的用法差异,"其实＋语气词"所涉及的说话人对信息的确认度和信息来源,体现对所认定事实的认识优势的高低可概括为:其实嘛＞其实啊＞其实呢＞其实吧("＞"表认识优势高)。

7.4　本章小结

　　本章认为言实性语气副词不仅可以传递预期信息、中信信息也可以传递反预期信息,言实类语气副词之所以可以传递反预期信息是因为言者对听者的关注,体现了言语交际中的交互主观性。并以言实性语气副词"其实"为例,分析其在反预期表达中的话语功能,主要观点:a)性质上"其实"符合反预期标记特征,作为语气副词,主要分布在句首和句中,有时基于特殊的语用需要也可位于句尾,话语中一般不重读,不增加所在语句的命题内容,也不影响句子的真值条件,强调客观事实与预期相反。b)功能上,可以表达与说话人预期相反也可以表达与受话人预期和社会共享预期相反。c)"其实"话语标记功能是其反预期功能进一步主观化的结果。"其实"作为话语标记不再强调前承事件的真实情况,也不存在对比性成分,主要起到语篇组织功能如话题顺接、话题找回、话题切换,言语行为功能如话轮的抢占。d)"其实"与不同的语气词组配体现了言者不同的认识立场,所体现言者的认识优势可概括为"其实嘛＞其实啊＞其实呢＞其实吧"。

　　言实类语气副词反预期功能体现了语言交际中的礼貌原则,表达了言者的认识立场,也是交互主观性的一种体现。言实类语气副词在会话序列中经常出现在回应句中具有反馈功能,听话人希望说话人认同自己的观点,说话人用言实类表达了自己的认识立场,这就偏离了听话人的认识期待。言实类语气副词"实际上""事实上"也体现了言者的认识立场,值得进一步研究。例如:

(54)起明:说正经的,你这个来美国时间长了。我请教你一问题。你说这美国人,对这事儿,是不是特不当回事。

大李:你说四十二街的事。

起明:反正就这种事吧。

大李:实际上,那什么呀。美国好多家庭也挺传统的,但也有特别的。(电视电影《北京人在纽约》)

(55)杨阳:进京的港企对于北京的地产是有很多的推动作用,带来了很多新的产品的形式,新的一些营销理念,在整体提高区域价值的同时,物业价值和企业的品牌都得到了很高的增长。

章萍:事实上,香港企业在北京的发展并非一帆风顺,他们也有过水土不服的时候,但是凭借着对商业地产的把控和经营能力,他们进军北京的步伐越来越稳,越来越快。(电视栏目《CCTV 新闻》)

第八章 反预期与负面评价的规约化

8.1 引言

8.1.1 关于"评价"

在整个评价理论系统中态度是核心,它包括了三个方面即情感、判断以及鉴赏,是评论者从情感、伦理道德、社会规范领域、美学和社会价值等方面表达对评价物的感受和评价[①]。汉语中的语气副词是公认的能够表达说话人情感态度的一类词,从西方传统的关于 modality 和 sentence type 的分类来看,语气副词应属于 modality,因为从性质上说,modality 是采用一定的词汇句法手段而表现说话者针对命题内容的主观判断[②]。如果从评价理论的态度系统上考虑的话,语气副词的评价内容也可以分为情感性评价、判断性评价和鉴赏性评价,例如:

(1)这世上那么多人,你怎么<u>偏偏就</u>碰上这么个人。(《中国

---

① Martin,J. R. & White,P. R. 2005 *The Language of Evaluation*:*Appraisal in English*. London:Palgrave. pp.45 - 46.

② 赵春利、石定栩:《语气、情态与句子功能类型》,《外语教学与研究》,2011 年第 4 期。

青年报》2019-1-9)

（2）这<u>似乎</u>是个鱼与熊掌很难兼得的事情，但是当把花店临时打造成一个"无人花店"，却收到了意想不到的效果。（东方网2019-2-25）

（3）现在的状况离我预想的还远着呢，<u>充其量</u>才完成三四成吧，到时候我们需要很多的劳动力，附近村民都来这里工作还不够。（《中国青年报》2012-12-20）

例（1）语气副词"偏偏"与"就"连用体现说话人对评价对象"碰到这么个人"强烈的不满的情感态度。例（2）中的说话人用"似乎"对其所述事件加以判断，这个判断其实是对其所辖命题隐性否定，意在"让步"。例（3）中"充其量"更多地体现在对其所辖命题在量值方面的鉴赏性评价。

8.1.2　反预期表达中的负面评价

反预期体现说话人的视角和立场，表示事实与预期不符。负面评价和否定性回应话语都与反预期有关。预期的偏离是造成负面评价的根本原因，即负面评价是因反预期而引起的。有些负面的评价性解读对会话序列具有依赖性[①]。回应序列往往是其负面评价浮现的条件和基础。反预期总是和说话人的负面情绪相关，传达说话人消极的情绪和情感。郑娟曼指出，从认知心理来看，人类的预期多为积极的或与自己意愿相符，因此一旦言者自身的预期被否定，难免会出现一定程度的负

---

① 方梅：《负面评价表达的规约化》，《中国语文》，2017 年第 2 期。

面、消极情感①。

　　需要说明的是,反预期在叙述或自述性话语中不易产生负面评价的解读,反预期引起的负面评价依赖于面对面的对话言谈,尤其在回应语境中容易引起负面评价,是互动交际模式下浮现出来的。例如:

　　(4)又下雨了,小孩子们正在过道和楼梯上玩耍。(弗兰克·迈考特《安琪拉的灰烬》)

　　(5)A:我们这一个星期都是阴天了。

　　　　B:我们这下完大雨马上晴天。

　　　　A:这是下完大雨变阴天,好不容易快晴了,又下雨。

(BCC 对话)

　　例(4)中,"又下雨"侧重表现的是信息与心理预估之间的差异性,说话人倾向于叙述客观事实,基本不带有说话人的负面评价色彩。而例(5)中,"又下雨"是反预期引起的负面评价,侧重表现的是说话人的心理体验,从句中的"好不容易快晴了"可以看出说话人希望是"晴天"。说话人无法接受"又下雨"这一信息,于是作出负面评价。正如谷峰所说,反预期信息不等于负面评价色彩②。否定容易与负面评价相关联,预期的偏离是造成负面评价的根本原因,也就是说反预期不一定会造成负面评价,而负面评价是由反预期引起的。值得注意的是,例(5)中的"又下雨"仅仅是对"下雨"这一现象或事实的负面评价,而不是对对方话语的否

---

① 郑娟曼:《所言预期与所含预期——"我说呢、我说嘛、我说吧"的用法分析》,《中国语文》,2018 年 5 月。

② 谷峰:《汉语反预期标记研究述评》,《汉语学习》,2014 年第 4 期。

定性回应。

负面评价表达的往往是因为评价对象偏离了评价主体的预期。反预期在对话语境中体现的是他人观点或认识与说话人预期相反,从而激发说话人失望的态度,容易产生负面评价义。方迪在探讨语气副词"合着"的评价表达时,指出"合着"引出或构建的反预期,当关联说话人单方预期时,"合着"产生负面评价解读,用作负面评价标记①。例如:

(6) 同事:圆哥好呀!

　　方圆:好啊! 怎么都留下了,<u>合着</u>就我一人走了。(电视电影《小欢喜》)

(7) 沈子畅:许言、许言、许言,对不起。

　　许言:有什么对不起的啊,你没错。

　　沈子畅:~~我不是故意要骗你的。~~

　　许言:你还不是故意要骗我呢,<u>合着</u>把我当傻子玩是吧? 我在那省吃俭用,又卖包又卖首饰的,你在这跟你兄弟们吃得这么开心啊。你但凡心里有点我,你都不会这么做。(电视电影《我在他乡挺好的》)

例(6)中,"合着"仅与方圆单方预期有关,因此是方圆对"就我一个人走了"作出的负面评价。例(7)中,"合着"是在沈子畅话语内容的引发下产生的,关乎两个人的认识和预期,许言所述的"合着把我当傻子玩是吧"是对始发话语的否定,体现交际双方立场的不一致,带有怨责意味。

---

① 方迪:《互动视角下的汉语口语评价表达研究》,中国社会科学院研究生院博士学位论文,2019 年。

预期的偏离是造成负面评价的根本原因。方梅指出现代汉语估价副词中,也就是本书所说的语气副词,有一部分可以表达负面评价,像"居然""一味"等,"又"在反问句"怎么又"中也可以理解为负面评价[①],例如:

(8)因为该院负责巡视整改工作的一名领导,在本系统的一次内部整改视频会议上,<u>居然</u>对一些基层院向最高检巡视组反映情况发泄不满。(《中国青年报》2019-2-27)

(9)那些认为"幼儿身体弱"只是母亲的假想,<u>一味</u>强调孩子的生命属于大自然……这些观念实在有些恐怖,而且把女孩子赤裸上身的照片放在网站上,这样做真的好吗?现在的社会治安很危险哎!(《青年参考》2019-2-28)

(10)事情过去那么久了,一切都已经结束了,怎么<u>又</u>提当初的事情?(《北京青年报》2018-4-9)

8.1.3　关于"规约化"

在言语交际中,许多言语意义无法从语表意义去理解,需要从认知上进行判断、预测、推理,通过它的隐含义去理解,当不需要靠语境和进一步推理就可以获得相关的"隐含义",这种"隐含义"再进一步固化,最终被语言使用者规约成比较固定的意义,规约化实际上就是语言使用者在言语交际中对言语信息含义的"认知—推理—固化"的过程[②]。在构式语法中,规约化就是一个表达式形式与意义的凝固化,例如本书的第三章提到的构式"都 NP

---

① 方梅:《负面评价表达的规约化》,《中国语文》,2017年第2期。
② 方梅、乐耀:《规约化与立场表达》,北京大学出版社,2017年,第24页。

了"与"还 NP 呢",已经无法从字面意义去理解,表达的是与预期意义的不相符即反预期的话语功能。再如方梅提到的两类已经规约化了的负面评价构式,词汇构式(你看你、什么呀)和语法构式(好你个 N、V 什么 V)①。

语气副词"简直"也是如此,例如:

(11)过去来黄山开车要 4 个多小时,现在高铁 1 个多小时就到了,<u>简直</u>太方便了。(《经济报》2019-1-23)

(12)我们就用手机叫了师傅上门来安装。基础的家具还可以,涉及复杂的,<u>简直</u>太不专业了。(《北京青年报》2018-9-13)

语气"简直"也经常和"是"连用,最后规约化一个整体,不再能从其语表意义进行理解,表达反预期信息的同时,具有负面评价功能,例如:

(13)李松石说着,一边将果壳剥去,一边说:"我也没想到,这荔枝会长这么大个,而且也不知道是不是果子相互抢夺养分的关系,那棵树上很多果子没熟都掉了,现在只剩下几十个,早上我和雨心妹妹品尝了一下,<u>简直是</u>。"(大荒神雷《花仙子养成专家》)

(14)皇上您听听,都到这份儿了,嘴还这么硬。这狂到家了,<u>简直是</u>。(电影电视《铁齿铜牙纪晓岚》)

例(13)(14)句传达的是反预期信息,反说话人的预期,句子中有"我也没想到""都……了,还"等表示反预期信息的标记,因为是反预期,说话人用"简直是"表达自己的不满,这里的"简直是"已经不是表主观判断的短语"简直是"。

---

① 方梅:《负面评价表达的规约化》,《中国语文》,2017 年第 2 期。

总之,负面评价的表达往往是因为评价对象偏离了评价主体的预期,这种偏离可以是在"量"上低于评价主体的预期或者高于评价主体的预期,如例(15)和例(16),也可以与评价主体的预期完全相反,如例(17),从本质上来讲是量的否定与质的否定。

(15)老大翻个白眼儿:"那你水平<u>就</u>这样了,做不了大项目。"(《中国青年作家报》2019-1-4)

(16)昨晚已经睡凉席、开空调了,现在<u>都</u>这样了,三伏天还让人咋过啊!(《北京晨报》2017-5-20)

(17)牛,虽不是咱刘家的女娃,你<u>倒</u>是也应该去打望打望哩,四奴一个人几天也没回来,想着也叫人操心哩。(刘亚廷《守望故情》)

8.2 "简直是"负面评价的规约化

8.2.1 相关的研究成果

《现代汉语词典》(第7版)对"简直"的解释是,表示完全如此,语气带有夸张①;《现代汉语八百词》把"简直"解释为"强调完全如此或者差不多如此,含有夸张语气"②。张谊生认为"简直"是对相关命题或述题的主观性评注③。齐春红指出如果"简直"与其他修辞手法结合使用的话,表高度夸张,不结合使用则是表

---

① 中国社会科学院语言研究所词典编辑室:《现代汉语词典(第7版)》,商务印书馆,2016年,第638页。
② 吕叔湘:《现代汉语八百词(增订本)》,商务印书馆,1999年,第296页。
③ 张谊生:《现代汉语副词研究》,商务印书馆,2014年,第46页。

轻度夸张①。杨万兵②、吴德新③分别从历时角度考察了"简直"的语法化过程。王雅静认为当现实超出说话者的预期，往往用"简直"引出主观评价④。李泉把"简直"看为一个表主观限量的强调标记，并且是表"受限"强调⑤。吴春相、曹春静在考察副词与语气词组合独用的基础上详细研究了"简直了"的语义功能及其演变机制⑥。更多学者关注的是反预期构式"哪里是 A，简直是 B"，如黄佩文⑦、唐贤清⑧等。

　　从以往的研究来看，学者已关注到语气副词"简直"特殊的语用功能，但更多的是对它的语法化、词汇化方面的考察，对"简直"的量级含义及反预期的表达方面研究较少。"副词＋是"是现代汉语中普遍存在的特殊现象且很多已经进一步词汇化了，如李宗江研究的表负面评价的语用标记"问题是"⑨。目前对"简直是"专门的研究的文章较少。吕佩分析了独用附缀结构"简直是"⑩，对本研究具有很大的启发意义，该文的重点是在探讨"简直是"的

① 齐春红:《谈"简直"与夸张》,《红河学院学报》,2007 年第 3 期。

② 杨万兵:《语气副词"简直"的语法化和主观化》,《四川师范大学学报(社会科学版)》,2016 年第 5 期。

③ 吴德新:《"简直"的语法化》,《延边大学学报(社会科学版)》,2016 年第 3 期。

④ 王雅静:《"简直"的语义量级标记作用及教学建议》,《宁夏大学学报(人文社会科学版)》,2017 年第 5 期。

⑤ 李泉:《主观限量强调标记"简直"》,《国际汉语教学研究》,2014 年第 4 期。

⑥ 吴春相、曹春静:《论新兴结构"简直了"形成的机制与动因》,《当代修辞学》,2018 年第 3 期。

⑦ 黄佩文:《句式"哪里是 A,简直是 B"》,《汉语学习》,2003 年第 3 期。

⑧ 唐贤清、罗主宾:《构式"哪里是 A,简直是 B"的主观性分析》,《语言科学》,2014 年第 4 期。

⑨ 李宗江:《表达负面评价的语用标记"问题是"》,《中国语文》,2008 年第 5 期。

⑩ 吕佩:《现代汉语后附缀"是"及其附缀结构"X 是"研究》,上海师范大学博士学位论文,2019 年。

形成,而本研究主要探讨"简直是"的话语功能及表负面评价的规约化过程与动因,此外还通过比较发现"简直是"与"简直了"在用法上的差异。

本章在已有研究成果的基础上,以语气副词"简直"与"是"的组合为例考察其在真实语料中的使用情况,详细描写并解释"简直是"的话语功能及表负面评价的规约化过程与动因,主要内容涉及以下三个方面:

a)"简直是"话语分布与功能

b)"简直是"负面评价规约化过程及动因

c)"简直是"与"真的是""简直了"用法差异

8.2.2　话语分布与功能

8.2.2.1　*话语分布*

作为负面评价的话语标记的"简直是",在一个话语序列中可以处于起始位置或者中间位置,也可以居于结尾位置。

(一)起始位置

处于起始位置的"简直是",具有保持当前话题,起到语篇连贯的作用,"简直是"是对上一话轮中的某种现象的主观评价,言者和听者之间互动性比处于中间和结尾处的"简直是"更强,例如:

(18)何先生:咱们是闲话少说,主要今天讨论这个空置房的问题,我听了这节目以后,我觉着又可悲又可气。

　　宋扬:空房管家。

　　何先生:<u>简直是</u>,你要说这牛鬼蛇神现在也太多了,你是不是钱烧的也不能说雇一个管家给放点水,给开开灯。北京市本来这个电力、水力就紧张,你说没事放点水玩,开开灯玩,我说这人都有病了。(电视栏目《城市零距离》)

(19)〔社科院〕

1　A:不是它那个知名度不一样...你看..整天学生啊,

进来毕业出去进来毕业出去...哗哗这么流动啊,

他那个..学校的知名度就高..你看..社科院的学术做得也挺好的,

但是它那个名度就不如这个学校的知名度高,

因为..因为它不是...学生来回地..流动。

2　B:反正社科院那地方儿..是真是..让人待久了是烦得不行..六年。

3　D:@@@

4　B:<u>简直是</u>,

我要得神经病了要我要在那儿六年的话。

例(18)和例(19)"简直是"都是处于话语的起始位置,承接上一话轮中所谈论的话题,赞同听者的观点,并在赞同的基础上进一步发表对所谈话题的看法,表达负面评价义。例(18)中"简直是"是对上一话轮谈论"空房管家"的评价,例(19)是"社科院待六年"做的评价。

(二)中间位置

处于话语中间位置的"简直是"所评价的内容,一般是言者认为听者的言行不合时宜,或者是自己针对某种现象所作的负面评价,跟处于起始位置上的"简直是"不同的一点是它并不需要在前一话轮的基础上更进一步做加深性评价。例如：

（20）成青崖："陆大可，你，你……我今天非死给你看！"

陆大可："你死呀？刚才你的手一动，就抹了脖子了。再说了，你根本就不会死，你要是想死，还娶那么年轻的小妾干吗？哼，我们背后都议论你呢，娶那般年轻貌美的小妾，<u>简直是</u>，告诉你，你死了，不说别人，就连你新买的小妾，也不会为你守着，她转眼就会嫁人，你舍得吗？"（电视电影《乔家大院》）

（21）"明天还要有数千名青年在体育场成立'无影人后援会'。此事已引起了公安部门的关注！""唉，他妈的，<u>简直是</u>，谁要他们后援！他妈的！"（赵志明《无影人》）

例（20）"简直是"句是陈大可对成青涯行为"娶那般年轻貌美的小妾"的负面评价，例（21）对"无影人后援会"的负面评价，在句中与骂詈语"他妈的"同现也说明了是负面评价。

（三）结尾位置

处于结尾位置的"简直是"在语料中出现的用例相比其位于起始和中间位置要多，例如：

（22）窦文涛：山西感觉这土很厚的一个地方。

查建英：对，不是，是煤烟，我也去过。

梁文道：烟大。

查建英：就是在那个公路上你穿过几个县到处那个空地都是，你说北京不好到那儿，哎哟，<u>简直是</u>。

窦文涛：你别光看它土，它底下有资源，有煤、有铁。（电视栏目《锵锵三人行》2009-07-17）

（23）姚澜：你，行了行了行了。您要觉得丢人，我出钱啊，赶明儿买张机票,您旅游去。

姚美娟:不去! 在北京就丢人了,我还飞着满世界现眼去? 我告诉你,我非把这录视频的王八蛋揪出来不可。我不把他生吞活剥了,我跟你说,我就不姓姚。气死我了,<u>简直是</u>。(电视电影《小丈夫》)

例(22)是说话人对听话人的观点"北京不好"的反对,根据是山西到处是煤烟和空地,得出结论"山西才不好呢"。例(23)"简直是"前面的内容"气死我了"的一种程度而非原因,如"把他生吞活剥了,我就不姓姚"。

8.2.2.2 话语功能

上面例句中"简直是"不管是处于起始位置、中间位置还是结尾位置,已经规约化成了一个表示负面评价的话语标价,"简直"不能理解为"完全如此","是"判断动词的功能也逐渐消失,"简直是"是负面性的表态语,它的话语功能是情感和情理上的否定,即话语否定。话语否定是互动交际中说话人对话语环境的刺激根据个人情理系统作出的否定性反应或评价。这种反应和评价以情理判断的结果为出发点,以情感宣泄为目的,以改正错误为落脚点[1]。语境中的"言语"和"行为"都有可能刺激"简直是"作否定性的负面评价,如上文中例(22)就是对"说北京不好"的言语否定,例(23)是对"娶那般年轻貌美的小妾"的行为否定,再如:

(24)奢易拍鉴定结果不靠谱? 谁说的,瞎掰什么? <u>简直是</u>!

---

① 李先银:《现代汉语话语标记研究》,世界图书出版公司,2017年,第14页。

（百度贴吧 2017-2-17）

（25）给我哥听了一首实况演出，他瞬间爱上了，就说想其他周笔畅的歌曲，我让他买数字专辑自己听去，结果一连买了十多张小笔的数字专辑，<u>简直是</u>。（新浪微博 2018-1-6）

话语否定是基于情理上的判断，情理值是外部事物或事件联系性大小，对情理值的理解往往是以人们的认知经验为基础的。某件事于情于理是对还是错，是应该还是不应该，就要根据情理去判断，低情理值是不符合言者预期，就会对其进行否定，例如：

（26）文道：对，没错，咬断了，马上觉得可怕。说起这个，你知道去年，好像前两年有部美国片，那部片特别搞笑的一个电影，还是个主流电影。这个叫作什么片？我忘了。就是讲一个女孩子，女孩子的下体长牙，你记得这个戏？

　　窦文涛：我记得这个电影。

　　梁文道：<u>简直是</u>，我听很多，我没看过，很多男性朋友看了之后，都觉得这是噩梦啊。（电视栏目《锵锵三人行》）

例（26）中梁文道批评了现在拍电影尺度大的问题，体现了"拍大尺度电影是不应该"的情理功能。作为话语否定标记的"简直是"主要是宣泄"不满"的主观情感，是斥责、责怪还是埋怨等要结合具体的语境才能看出这种"不满"主观情感的强度来。

8.2.3　规约化过程及动因

8.2.3.1　规约化的过程分析

"简直是"规约化为负面评价的话语标记，在现代汉语中才出现。我们在汉籍检索系统及北京大学古代汉语语料中搜索"简直是"，发现语气副词"简直"与判断动词"是"连用最早出现在清代，例如：

（27）他拿灯一照时，只见何氏仰面睡着，头发披着，眼睛睁着，口张着，脸上变成不紫不黑的颜色，他方才说他老婆睡得同死的一般，这可不但同死的一般，<u>简直是</u>死的了，这才把他吓的三魂剩下半魂，六魄失了五魄，露出这副丑态来。（清《九命奇冤·第十回》）

（28）伯述道："这种人若是抉出他的心肝来，<u>简直是</u>一个无耻小人！他那一种发狂，就同那下婢贱妾，恃宠生骄的一般行径，凡是下婢贱妾，一旦得了宠，没有不撒娇撒痴的。"（清《二十年目睹之怪现状·第二十二回》）

例句中的"简直"可以理解为《现代汉语词典》中的解释，即"完全如此，带有夸张语气"，"是"可视为判断动词，"简直是"是对某种情况的确认性判断。"简直是"能够最终规约化成一个话语否定标记，与"简直"的量级含义及"是"的语法化有关。

（一）"简直"的主观极量义

"简"本义是古代写字用的竹片，"直"本义为"正视义"后来引申为"正直不弯曲"。"简直"合用意为"直截了当、简朴质直"，例如：

（29）王劭志在<u>简直</u>，言兼鄙野，苟得其理，遂忘其文。（唐《史通·论赞》；《汉语大词典》用例）

（30）故其辞语繁重，序事过详，不若《春秋传》之<u>简直</u>精明，浑厚迢峻也。（宋《述〈国语〉》；《汉语大词典》用例）

由"直截了当"义引申为副词用法同"索性""干脆"，因为"直截了当"就是指行为动作的不绕弯子，干脆利索，如例（31）（32）（33）我们都可以理解为"直接"义。

（31）<u>简直</u>叫他们带了一面钖锣，一副鼓板，做足了样子。（清《黄绣球·第十五回》）

（32）他名为爱护妻子，实在<u>简直</u>把她囚禁起来。（清《孽海花·第三十五回》）

（33）那我就<u>简直</u>把你当太太，拜堂成礼如何？（清《二十年目睹之怪现状·第十四回》）

"直接"谓不经过中间事物，径直继承，也可以理解为不经过过程径直出现某种结果，王雅静认为"直接"语义必然会指向一个根本的完全彻底的行为，由此引申而来"简直"就是不绕弯子，把话说透，说得更加彻底①。通过对历时语料的考察发现，"简直"在下面例句中可做"完全彻底"义来理解。

（34）今儿请的是几位客呀，我<u>简直</u>的没瞧见知单。（清《二十年目睹之怪现象·第十一回》）

（35）若不是兄来提，我<u>简直</u>忘记得干干净净！（清《孽海花·第三回》）

从上文总结的已有的研究成果来看，现代汉语中"简直"表示"夸张强调"是大部分学者的共识，"夸张强调"是一种语气，与"简直"的"完全彻底义"有关，例如：

（36）（宝小姐）见了戴世昌，喝去呼来的，<u>简直</u>像他的奴才一样。（清《官场现形记·第三十八回》）

（37）今天<u>简直</u>把本县气死！可恨这些人，既要伸冤，又指不出真凭实据。（清《官场现形记·第十五回》）

---

① 王雅静：《"简直"的语义量级标记作用及教学建议》，《宁夏大学学报（人文社会科学版）》，2017年第5期。

这两例中"简直"后续部分"像他的奴隶一样""把本县气死"都是夸张的说法,这就是现代汉语中"简直"的用法,例如:

(38)我8点钟上班,人挤人,<u>简直</u>像肉饼似的,冬天可能好一点,夏天确实非常热、非常难受。(电视栏目《议政论坛》)

(39)夏天的时候基本上喂四斤半,也得五斤,根据猪的品种不同,我那时候还拿个小秤,特认真,<u>简直</u>把我爸气死了。(电视栏目《面对面》)

(40)可不能病啊,老伴已经瘫痪了,自己再病倒,<u>简直</u>要了姑娘的命啊!(光明网2017-9-25)

(41)卢丽随后对儿子欢欢的压迫式、助推式教育,<u>简直</u>到了疯魔的地步。(《北京晨报》2017-8-24)

王雅静认为"简直"的后续成分是以自己的预期或社会常规为评价标准,加入表示极点量的成分,从而引出一个语义量级更高的评价[1],例如:

(42) * 简直棒   <u>简直棒极了</u>

　　　 * 简直糟   <u>简直糟透了</u>

　　　 * 简直烦   <u>简直烦死了</u>

"简直"将其凸显的焦点置于主观量级或者说语用量级的极端,因为它所隐含着的量级序列往往是主观性的,如例(38)—(41)中的"像肉饼似的""把我爸气死了""要了姑娘的命""到了疯魔的地步",都是说话人的主观看法,这个量级序列没有明确的判断标准。"是"是结论性判断,那么"简直是"是说话者将自己作

---

① 王雅静:《"简直"的语义量级标记作用及教学建议》,《宁夏大学学报(人文社会科学版)》,2017年第5期。

出的结论置于语用量级的极端,例如:

（43）有么事等我回来,咱们大家商议,此时<u>简直是</u>把我糊涂死啦!（清《三侠剑·第四回》）

（44）宝钗道:"妹妹,你不知道,我揪心了多少天啦。眼看着行期一天一天的近了,上头还只管催,<u>简直是</u>要我的命,索性这条命不要了,到了这里倒舒服,又没有那福气。"（清《红楼梦·第五十五回》）

（45）黛玉用指头羞他道:"亏你有脸说得出,这<u>简直是</u>三岁小孩子的话,那里像中过举人,又做了老子的? 别叫哥儿羞你了!"（清《红楼梦·第十九回》）

（46）贾母道:"你们<u>简直是</u>闹新房,那是闹旧房呢!"（清《红楼梦·五十二回》）

例（43）（44）中的"把我糊涂死了""要我的命"处于语用量级的极端很好理解,因为"死"意味着生命的终结。例（45）中"简直是三岁小孩的话"是黛玉认为宝玉说的话极为不合适,从句子中的"亏你有脸说得出"可以看出来。成人说出"三岁小孩的话"是低情理值,处于言语合适度的最低端,也是极端的表现。例（46）是"闹新房"和"闹旧房"两项对比,两项具有绝对的反差,分别位于量级序列的两端。

（二）"是"的语法化

张谊生在描写"F是（副词＋是）"演化轨迹与机制时指出"是"大致的演化路径为"代词→动词→副词→词根→词缀"①。

---

① 张谊生:《"副＋是"的历时演化和共时变异——兼论现代汉语"副＋是"的表达功用和分布范围》,《语言科学》,2003 年第 3 期。

董秀芳指出现代汉语副词后的判断词"是"正在演变为一个词内成分,如"好像是""首先是""尤其是""已经是"①。"简直是"在演变为话语标记的过程中,判断动词"是"也在逐渐地语法化,例如:

(47)心灵手巧的面点师傅们玩出了花样,你看这花馒头,<u>简直是</u>一件件的艺术品。(央视网 2019-2-18)

(48)第 91 届奥斯卡颁奖典礼如此轻视这些必不可少的角色,<u>简直是</u>对将生命和激情奉献给电影的同仁的侮辱!(《青年参考》2019-2-23)

例句中的"简直是"是"简直"+"是 NP",两者不能连读,"简直"为语气副词做状语修饰"是 NP","是"为判断动词。当"是"后为谓词性成分或者小句时,语音和语义弱化,成为一个后附缀(enclitic),例如:

(49)看他手脚并用的挣扎模样,<u>简直是</u>在调动起全身细胞来表示拒绝,直接抗议"你们娱乐圈太乱"。(娱乐播报 2018-8-6)

(50)不仅能了解到人类滑雪起源地,还能去阿勒泰将军山滑雪场和阿尔泰山野雪公园,体验中国雪都的魅力,在雪都滑雪撒欢儿,<u>简直是</u>太棒了!(天山网 2018-11-29)

(51)还大学生呢,<u>简直是</u>生活不能自理!新兵班长的一句话,深深刺痛了赵小龙。(《中国青年报》2018-8-20)

(52)一项又一项工程,变戏法儿似的出现在小岗人的眼里,对他们而言,<u>简直是</u>天上掉馅饼。(《中国农民调查》)

刘丹青指出附缀(clitic)失去语音的独立性,必须依附一个独

———————————

① 董秀芳:《"是"的进一步语法化:由虚词到词内成分》,《当代语言学》,2004 年第 1 期。

立的词,句法上仍有词的地位,可分为前附缀(proclitic)、后附缀(enclitic),所依附的那个词是宿主(host)①。在例(49)—(52)句子中,"简直是"辖域为谓词性成分或者小句,"是"语音失去了独立性,必须依附其宿主"简直",分析为"简直是"+"VP/S",当"是"成为一个词内成分时,也就是词缀(affix)时,"简直是"才成为一个话语标记,例如:

(53)有些人的情商啊,真是! 让人无语死,<u>简直是</u>,都大学生了,你脑子呢?!(新浪微博 2018-03-21)

(54)每个胖子也是有春天的! 从拿到原始素材到成片输出仅仅 30 个小时,其间还有大半天的时间在上课,<u>简直是</u>。(BCC 微博)

这两例的"简直是"已经是一个词了,"是"附加在词根(root)"简直"上的构词成分,"简直是"的意思必须从整体上加以理解。

随着"简直是"高频连用,"是"逐渐语法化,两者的边界开始变得模糊,经过重新分析(reanalysis),成为一个词。"重新分析"是指一个语言结构的底层结构改变了,但不涉及其表层形式的任何直接内在的改变,多用于相邻组合②。"重新分析"常用来解释词汇化和语法化现象。"简直是"表负面评价的话语标记与"简直"的主观极量义有关,"简直"将焦点项置于语用量级的极端,意味着对原有预期的否定。

8.2.3.2　规约化的动因分析

（一）人际互动中的交互主观性

李小军在解释表负面评价功能"真是(的)"时指出它是基于

---

① 刘丹青:《语法调查研究手册》,上海教育出版社,2008 年,第 547－548 页。
② 吴竞存、梁伯枢:《现代汉语句法结构与分析》,语文出版社,1992 年,第 6 页。

在话语交际中的礼貌原则（principle of politeness）发生的语用省略①。"简直是"负面评价形成的动因同样也是如此。由于"简直是"具有主观极量义，后续成分是极性论断，所以在人际互动中既要突出说话人的主观情态、态度与立场，又要关照到听话人的"面子"问题，考虑到听话人的接受度，就会发生语用省略，这体现了人际互动中的交互主观性，试比较：

（55）你简直是个饭桶！垃圾！废物！（冯德全《这样说孩子最能接受》）

（56）许凤听到这里，突然往路边草坡上一坐不走了。胡文玉忙蹲下问道："怎么？又生气啦！你这个人简直是……一句话不顺耳就闹气。好，好，快起来，有意见只管说嘛。"（雪克《战斗的青春》）

例（55）是说话者反对家长用这样的言语对待孩子，他认为如果这样说是对孩子的挖苦和侮辱，虽不是体罚，但是是一种语言暴力和精神虐待。在人际互动中，负面评价话语往往考虑到对听话人的"面子威胁"时，造成一种语用省略。语用省略的后果是造成了语用模糊，即说话人在特定语境或上下文中使用不确定的、模糊的或间接的话语向听话人同时表达数种言外行为或言外之力②。吴春相、曹春静认为语用模糊都会形成了悬念（suspense），达到"此处省略……字"的效果③。在负面评价的话语中语用省

---

① 李小军：《表负面评价的语用省略——以构式"（X）真是（的）"和"这/那个＋人名"为例》，《当代修辞学》，2011年第6期。

② 俞东明：《语法歧义和语用模糊对比研究》，《外国语》，1997年第6期。

③ 吴春相、曹春静：《论新兴结构"简直了"形成的机制与动因》，《当代修辞学》，2018年第3期。

略是会话中"礼貌原则体现",能够保障互动双方在较为和谐的话语环境中进行交流。"简直是"后面表达的主观极量性结论,所以当这种结论到达无法用语言来形容时,也会出现语用省略,例如:

（57）宋美龄反问道:"西安情形还好,倒是您听到些什么了?这几天的谣言,简直是……"陈布雷一拳擂到沙发上,愤愤地说道:"夫人,真是一言难尽啊!"(陈廷一《宋氏家族全传》)

（58）当时轰炸得非常惨。我妈妈说第一次轰炸的时候简直是……所以我那歌剧里面的炸弹是什么,就是根据那时候我妈妈讲的。(电视栏目《解密》)。

在会话中即使说话人不把"简直是"的后续成分说出来,听话人也会关注并能理解说话人的意思,这种语用省略,一是能表达说话人强烈的主观情感,二是避免造成冗余信息。

（二）负面评价话语环境的浸染

上文提到由反预期引发的评价可以是正面评价也可以是负面评价,据王雅静从历时的语料中考察中发现,当"简直"后的"VP"成分都具有明显的贬义色彩时,才驱动其"夸张强调"义的产生[①],例如:

（59）这位济公,真是罗汉的样子,这个和尚简直是乞丐。(转引自王雅静2017)

（60）听那个声口,简直是要探听了一个吃得死的东西。(同上)

---

① 王雅静:《"简直"的语义量级标记作用及教学建议》,《宁夏大学学报(人文社会科学版)》,2017年第5期。

在北京大学现代汉语语料库(CCL)中,随机抽取含"简直是"的 300 条语料发现有 47 条表正面评价占 15.6%(其中出现频率较高的"简直是奇迹"有 16 条,"简直是天文数字"4 条),253 条表负面评价的 84.4%。可见,"简直是"经常出现在表示负面评价的话语环境中,与其后续成分共同承担话语否定的任务,经过高频使用"简直是"就比较容易被浸染到负面评价的意义,并随着其词汇化进程的推进,最终与后续成分脱离开来,当其处于结尾处时,完全是负面评价,例如:

(61)污染造成的损失,应该说是不可估量的,但是你看,短片里面提到一个细节,昨天这个公司的股价居然是涨停,这两个现象我们觉得都无法解释,<u>简直是</u>。(电视栏目《新闻1+1》)

(62)到处都是蚊子搞得我现在不能睡,我真的要崩溃了。但是也不能说,只能自己忍,唉,<u>简直是</u>。(BCC 微博)

8.2.4　"简直是"与"简直了""真(的)是"

8.2.4.1　"简直是"与"简直了"

语气副词"简直"与语气词"了"组合独用也有其独特的功能,吴春相、曹春静认为独用的"简直了"是对极量程度的主观评价与感叹,有进一步叹词化倾向[①]。在"简直+VP 了"中,由于"简直"把焦点项置于主观量级的极端,"VP"具有极量程度义,"VP"语用省略,造成了"简直"与"了"的直接组合。在"简直了"中"了"为句末语气助词"了$_2$",它不仅表示对新情况的肯定,而且还加强说

---

① 吴春相、曹春静:《论新兴结构"简直了"形成的机制与动因》,《当代修辞学》,2018 年第 3 期。

话人对新情况的感叹①,例如:

(63)乔治:你真美,今天你简直太美了!(吟诗一般)美,美极了! 你穿得这么忧郁,这么诱惑!(曹禺《日出》)

(64)世界第一美少女,颜值简直了!!(转引自吴春相、曹春静 2018 用例)

"感叹"是对量度程度之高的感叹,进而表明自己的主观评价,"VP"多为表达事物性状的形容词性成分,像下面的句子中一般"VP"不会省略,例如:

(65)我当初承包了以后,连续 5 年吃住在山上,身上晒得漆黑,脱了层皮,手脚上简直没有好肉了。(1994 年《人民日报》)

(66)这可好,闹出毛病来没有? 不听老人言,祸患在眼前! 这简直把祁家的脸丢透了!(老舍《四世同堂》)

此外,在吴春相、曹春静(2018)所例举的 30 个"简直了"独用例句中,仅有 3 例表示负面评价,说明感叹的对象往往是在"好"的方面超过了说话者的预期,进而进行的一种赞叹,例如:

(67)我爱我家简直了,刷了无数遍。(青年观察家 2019-1-20)

(68)人闯红灯怎么处罚好? 交警的这一招简直了!(人民网 2018-3-28)

(69)电影中湘琴在追求直树的过程中做了不少看起来很傻的勇敢事,林允评价她"逆天了! 简直了! 不得了!"(新华网 2019-1-22)

---

① 齐沪扬:《语气副词的语用功能研究》,《语言教学与研究》,2003 年第 1 期。

"简直是"负面评价居多,主要还是与两者经常出现的话语环境有关,在形成机制方面,"简直了"受到"副词+语气词"组合平行类推的影响,在现代汉语中"副词+语气词"普遍存在并且表达特定的语用功能,例如:

(70)<u>至于嘛</u>,跟反恐精英似的。(《中国青年报》2014-3-4)

(71)真做了这样的事,谁能跑得掉。最后除了把客户资金一分不少地还给客户,还得再去坐几年牢,<u>何必呢</u>。(《青年观察家》2018-12-28)

在一些话语环境中,"简直是"可以与"简直了"同现,表达的是负面评价,也可以看为一个话语否定标记了,例如:

(72)现在找一个男人真的是太不容易,<u>简直了</u>,真是刷新了我的三观。颜值看起来就是很丑的,自己也是不喜欢。以后找对象的时候也要去看一下面相,<u>简直是</u>。(新浪微博 2017-09-13)

8.2.4.2 "简直是"与"真(的)是"

李先银把"真是"看成否定的话语标记,并从它的话语分布、话语功能以及标记化等方面进行了分析①。前文也提到"真(的)是"已经完全规约化成一个表负面评价的话语标记,它与"简直是"的差别在于最小对比项语气词"简直"与"真(的)"上,一个强调量级程度,一个强调事实为"真",例如:

(73)你怎么每天都这么忙,你这哪是工作,<u>简直是</u>在卖命!(《中国青年报》2017-12-4)

(74)陈凯歌不相信,让人一检查,竟<u>真的是</u>机位错了。(下

---

① 李先银:《现代汉语话语标记研究》,世界图书出版公司,2017 年,第 203 - 248 页。

庆奎《中国北漂艺人生存实录》)

例(73)实际上并不是对"工作"本身的否定,而是"工作程度"的否定,在"p,简直 q"中,说话者否定"p",强调处于量级极端的"q",从而表达反预期的含义。"p,真的是 q"要想表达反预期必须存在"p"认为"q"为假的先设,说话者用"真的是"强调"q"为真。再如例(75)强调的是"烦人"的量级程度,例(75′)"烦人"的真实存在。

(75) a 你<u>简直是</u>太烦人了。b 你太烦人了,<u>简直是</u>!

(75′) a 你<u>真的是</u>太烦人了。b 你太烦人了,<u>真的是</u>!

作为话语标价的"简直是"和"真的是",一个是强调言语或行为不该达到这种程度,一个是强调言语或行为不该真实存在,如例(76)"简直是"是对电器部主任居然能把"欧姆"当成领钩这种行为的不理解,换成"真的是"强调电器部主任把"欧姆"当成领钩这种行为不该存在的却真实存在。

(76) 一个电器部的主任,把"欧姆"当成领钩,<u>简直是</u>(真的是)! (BCC 微博)

8.3　本章小结

本章首先介绍了有关"评价"和"规约化"的理论和研究成果,以"简直是"为例,分析了它表负面评价的规约化过程及动因,并将其与同是表达负面评价的"简直了"和"真的是"进行比较。主要观点是:a)反预期可以引起正面评价或负面评价,但是从规约化程度上来说,负面评价的规约化程度要高;b)语气副词"简直"将焦点项置于主观量级的极端,并加以强调,具有否定预期的话语功能,是其产生"夸张"意义的主要原因;c)"简直是"规约化成

为一个话语标记,也是"是"从判断动词到附缀再到词缀的语法化
过程;d)"简直是"规约化成为一个负面评价的话语标记体现了人
际互动中的交互主观性,负面的话语环境的浸染也是其表达负面
评价的原因之一;e)"简直了"主要是表达正面评价,它的形成受
到了"语气副词+语气词"类推的作用,"真的是"强调言语或行为
不该真实存在,由此而表达负面评价。

　　频率(frequency)效应在语用规约化的过程中起到重要作用。
高频率引起线性毗邻的语言单位的组块化,语串频率(string fre-
quency)是导致相邻语言单位附着化(cliticization)和合并(merger)
的最重要动因①。当一个语法单位高频出现,人们就越有可能将
它们作为一个语块来提取并加工,这个语法单位就更容易获得整
体感知,"简直是""简直了""真的是"等表负面评价的规约化过
程就是如此。

---

① 彭睿:《临界频率和非临界频率——频率和语法化关系的重新审视》,《中国语文》,2011
年第1期。

第九章 结 语

9.1 主要结论

本书以功能主义语言学思想为指导,结合语用量级、互动语言学、元语言,以及主观化的相关理论,根植于语言事实,对现代汉语语气副词在反预期表达中的评价立场进行专题性、多层次、多角度的研究,得出的结论主要有以下几点:

(一)信息传递中的反预期信息及与相关概念的联系与区别

反预期是语言信息传递中的一种体现方式,言谈事件中当说话人针对语境中谈及的某一事物或事态提出一种与他自己或受话人的预期相反或相背离的断言、信念或观点时,那么该说话人就表达了一种反预期信息。反预期的表达的类型必须结合语境才能看出,如连字句既可以是反受话人预期,反听话人预期、反社会共享预期,也可以是反除受话人和听话人第三方的预期。现代汉语中反预期的表达方式除了常用的反预期标记外,语调和非语言手段也可以表达反预期。在动态的交际语境中反预期的表达也可以理解为一种预设否定。不是所有的反预期都表示意外,意外可以是反预期的，也可以是非预期的。反事实强调的是与客观事实不符，反预期强调的是与主观预期不符。

（二）以语气副词"都"和"就"为例考察语用量级与反预期的浮现

量的增减是量的计算过程，量的大小是量的计算结果，超过说话者预期的主观大量，低于预期的主观小量，都不符合人们"理想化的认知模型"，具有较低的情理值。量的增减造成的"过犹不及""少则不够"都偏离了人们的常规认识，从而促使反预期的产生。作为量级算子的"都"把焦点成分置于量级序列极端（高端或低端），这个量级序列是根据人的主观经验或常规建立起来的，并把焦点成分与序列上其他成分进行比较，得出可能性低的命题，从而表达反预期的话语功能。"就"表达的是主观小量义，它关联焦点项成分位于语用量级的低端，言者认为与其相关命题成立的可能性最低，这个可能性低的命题如果成立，那么自然也就产生了反预期。"都"与"还"在连字句及"就"与"偏"在拂逆中的语义凸显不同，在句法上可以验证。

（三）以"大不了"为例考察容让类语气副词的反预期及体现的言者态度

容忍性让步，表示的是先容忍后选择，即"按常理本不该被接受的事情"依赖于社会固有模式或者说是社会规约性预期，当说话人容忍的事情偏离了社会规约化预期，就产生了违反社会常理的反预期，在会话中也违反了听话人的预期。含语气副词的"大不了"句表达的是一种反预期的话语功能，主要是反听话人的预期，在"大不了＋X"中，"X"处于语用量级的极端位置，说话人选择对位于极端位置上的容忍出乎了听话人的预期,从而产生了反预期的话语功能。"充其量"与"大不了"只有在表示极性估测义的条件下才有可能互换,但是两者的侧重不同,"大不了"主要是表达言者主体坚决的态度和意志力,而"充其量"则不能体现言者主体的容忍性,仅表达主观态度。

（四）以"其实"及"其实＋语气词"为例考察言实性语气副词及言者立场

言实性语气副词不仅可以传递预期信息、中信信息也可以传递反预期信息,言实类语气副词之所以可以传递反预期信息是因为是言者对听者的关注,体现了言语交际中的交互主观性。性质上,"其实"符合反预期标记特征,作为语气副词,不增加所在语句的命题内容,也不影响句子的真值条件,强调客观事实与预期相反;功能上,可以表达与说话人预期相反也可以表达与受话人预期和社会共享预期相反。"其实"与不同的语气词组配体现了言者不同的认识立场。

（五）以"简直是"负面评价的规约化为例考察反预期与负面评价的关系

反预期可以引起正面评价或负面评价,但是从规约化程度上来说,负面评价的规约化程度要高。语气副词"简直"将焦点项置于主观量级的极端,并加以强调,具有否定预期的话语功能,是其产生"夸张"意义的主要原因;"简直是"规约化成为一个话语标记,也是"是"从判断动词到附缀再到词缀的语法化过程,规约化成为一个负面评价的话语标记体现了人际互动中的交互主观性,负面的话语环境的浸染也是其表达负面评价的原因之一。

9.2　研究的不足

由于时间、能力和资料上的限制与困难,本书也存在一些研究的局限:

首先,从反预期的角度以典型个案为例考察现代汉语语气副词评价立场的表达,没能全方位系统性考察语气副词所体现的言者评价立场。语气副词的范围和反预期的会话含义都很难明确地界定清楚。哪些语气副词是明确的反预期标记可以根据以往的研究成果和对反预期的概念的把握较好界定,但是哪些语气副词是在会话中动态浮现的,或者哪些语气副词已经规约化为表达反预期的负面评价标记就很难把握。因此本书只能选取较为典型的个案加以深入研究,对语气副词的评价立场表达的系统性研究存在不足。

其次,语气副词评价立场的表达体现了主体间性,也就是交互主观性,文章中对这方面的研究也只是拘泥于分析案例,对于语气副词在呼应情绪、协调立场方面的研究存在不足。文章分析了不同类别的语气副词反预期表达与言者的态度和认识立场的关联,态度与立场是密切关联的两个概念,关于二者的内在联系应该加以进一步明确。

最后,在互动双方共同参与的过程中,评价立场表达往往会伴随韵律及多模态手段。由于语料及技术方面的限制和欠缺,本书未将身体视觉资源纳入考量,即考察它们在汉语话轮组织中的作用,较少涉及韵律及具身动作在话轮完成中的评价立场差异。

9.3 研究的展望

语气副词的反预期功能与评价立场表达的相关问题,涉及的问题很复杂,比如反预期的诱因,如何从认知上加以解释,也涉及反预期主体的态度、立场、情感等诸多方面。关于这一领域,至少有以下四个方面可以深入研究。

第一,基于语用量级的反预期表达。

文章中涉及与语用量级有关的语气副词有"都""就""大不了""充其量""简直"等,这只是其中很少的一部分,像"总""也""老""又""才""甚至""甚而"等等都具有反预期的话语功能,并且都与语用量级有密切的关联。以"也"为例,学界已有学者注意到了语气副词"也"反预期的含义,如陈鸿瑶指出"美女也愁嫁""修女也疯狂"反常理信息[①]。其实我们也可以把这两个例句用"连"字句来表达,这样就可以参考本书第四章对语气副词"都""还"的分析来考察"也"反预期产生的动因,在连字句中三者具有相似的量级含义和语用功能。连字句中"也"所关联的命题成立的可能性低,如"美女愁嫁""修女疯狂"如果命题成立也就违反的人们的预期。此外,"也"为什么可以关联低量级命题,值得做进一步探讨。

第二,言者主体的选择与评价立场的表达。

文章第六章分析了表容忍性让步的"大不了"就涉及主体选择问题,当言者主体选择不符合听者期望时,也就传递了反预期

---

① 陈鸿瑶:《副词"也"的反预期功能》,《东北师大学报(哲学社会科学版)》,2015 年第 2 期。

话语功能，表达了言者的评价立场。再如：

（1）"小伙子，我要是钱富裕的话，真想留下！""干脆就留下吧，瞧着办得了！""说真的，小伙子；倒退三十年，这值三个大宝；现在的年头，又搭上兵荒马乱，我——你还是到别处吃喝吆喝去吧！"（老舍《骆驼祥子》）

（2）"请问你这双袜子是从哪儿买的？我想给我的妻子也买一双。""我劝你呀，最好别买，穿这种袜子，不三不四的男人会找借口跟你妻子搭腔。"（当代报刊《读者合订本》）

方梅、乐耀详细介绍了"还是""最好"的意义和功能的演变过程，认为语气副词"还是""最好"都经历了从主体选择的行域到主体建议祈愿的言语语法化①。句子中"还是""最好"具有劝说功能，"劝说"是通过某种交际形式（通常是语言），根据语境、目的和对象，选择相应的策略来实施一种行为，并以此来影响或改变他人的信念或行为方式，所以，劝说就是一种言语行为②。"劝说"既然是说话人希望听话人能够改变之前的观点、态度和立场并与自己达成一致，那么也就是说说话人的观点、态度和立场是与听话人的不一致，他所实施的"劝说"的言语行为往往违反了听话人的预期。

从说话人的预期考虑，说话人之所以实施"劝说"的言语行为，往往是因为听话人的言行偏离了他的预期，如例（3）和例（4）中"拉着我们干""上我们家来要饭"都是不符合说话人的预期的。

---

① 方梅、乐耀：《规约化与立场表达》，北京大学出版社，2017年，第124-157页。
② 申智奇：《关联理论对说服行为的解释》，《外国语言文学》，2004年第4期。

（3）什么叫冒用名义，这件事儿是你们编辑部主任，你何必拉着我们干，回去问他就知道了。（电视电影《编辑部的故事》）

（4）何苦哪？我们家这胡同，饭就那么好吃？这年月要饭的可没几个了，怎么就上我们家来了？（同上）

此外，现代汉语中能够起到劝说功能的语气副词，在对话语境中又能表达反预期话语功能的还有"好歹"，例如：

（5）春花：（一愣）犯法呀？

　　宝财：咱们出来半年多就空着个手回去怎么有脸见人，好歹敛上他几件东西，除了办喜事以外，弄不好还能开个小百货店……（电视电影《我爱我家》）

（6）圆圆：（激动）我要张国荣的签名，你们干吗不让，我已经等了十二个小时了，就要有两个张国荣的签名了……

　　和平：啊？离期末考试就一礼拜了，这张国荣他坑人呐他，啊？好歹也得把期末考试这关给熬过去呀。（同上）

例（5）宝财用"好歹"劝说春花回家之前敛几件东西，而敛别人的东西是犯法的，因此宝财的劝说违反了春花对社会常规的认识。例（6）中圆圆期末考试前想去要张国荣的签名，违反了和平的预期，因此用"好歹"进行劝说。这些词语如何从主体选择到表示劝说的话语功能，值得我们进一步研究。

第三，在基于使用的语言学理论的指导下考察与语气副词有关的负面评价规约化的问题。

Langanker认为"基于使用"是认知语言学和生成语言学在理论及方法上的重要区别，其基本假设是语言结构和语言使用无法截然分开,两者之间有着密切联系①。大到语言系统的形成,小到一个具体语言结构的产生,都是语言使用逐渐固化的结果。一种结构因使用频率增加,随时间的推移固化为一个单位。因此使用事件是所有语言单位的来源,从使用事件到结构产生需历经两个基本的认知过程:图式化和范畴化。

功能主义语言学派则主张语言是一个相对开放的系统,语言系统不应是脱离使用的抽象运算系统,语言能力也不是一个独立于人类其他认知系统的机制。相反,语法就是通过对语言的体验产生的,语言发展的认知机制和人类的一般认知机制是一致的:语言结构是由一般认知过程产生出来的,而不是大脑里预先设置好的特殊认知过程②。沈家煊指出,"汉语的语法就是语用法,汉语离开了语用,并没有多少语法可讲"③。

语气副词在某个格式中高频使用就会规约化为一个构式,比如本书涉及的反预期构式"都 NP 了""还 NP 呢",还有许多与语气副词有关的反预期构式值得进一步挖掘,考察它们的规约化过程,如:

(7)和平:第三步,我再跟这人离婚,孩子归我。第四步,咱俩复婚,咱俩两个孩子啦!

志国:亏你想得出来。你这不是明目张胆欺骗组织吗

① Langacker, R, W. *Foundations of Cognitive Grammar*. Stanford: Stanford University Press. 1987.

② Bybee, Joan L. Mechanisms of change in grammaticalization: the role of frequency. In Joseph Brian D and Richard D. Janda eds. *The Handbook of Historical Linguistics*. Malden, MA: Blackwell. 2003.

③ 沈家煊:《从英汉答问方式的差异说起》,载方梅主编《互动语言学与汉语研究(第一辑)》,世界图书出版公司,2016 年,第 2 页。

你？（电视电影《我爱我家》）

（8）城里女人有什么了不起？不是照样嫁到咱何家村？不照样得听我们的？对不起，这一次，我女儿还就不伺候了！（电视电影《新结婚时代》）

第四，关于现代汉语语气副词评价立场的系统性研究。

齐沪扬指出在汉语的语气系统中，助动词和语气副词具有评价功能，语气副词的评价性功能不仅是指单个的语气副词所承担的"语气职责"的表现，也是指一类语气副词所共同承担的"语气职责"[①]。从标记理论出发，在语气系统中整个语气副词的评价性功能体现在肯定评价和否定评价的对立上，体现在传信评价和传疑评价的对立上。潘海峰认为语气副词同时承担了印欧语中语气和情态两个范畴的功能，不管是语气功能还是情态功能都是言者立场的体现，或表明言者对客体的认识与评价，或标示言者的情感、认识状态定位，或索引交际双方的认同度[②]。可见，语气副词的运用体现了言者评价立场，因此全面系统地考察现代汉语语气副词评价立场表达是今后研究的方向。

[①] 齐沪扬：《语气副词的语用功能研究》，《语言教学与研究》，2003 年第 1 期。

[②] 潘海峰：《语气副词立场表达研究范式：内在逻辑与体系构建》，《同济大学学报（社会科学版）》，2023 年第 4 期。

参考文献

(一)中文参考文献:

1. 巴丹:《"都"与"也"在相关构式中的微殊与中和》,《汉语学报》,2013 年第 3 期。

2. 巴丹:《现代汉语评注性副词篇章衔接功能研究》,上海师范大学博士学位论文,2018 年。

3. 白梅丽:《现代汉语中"就"和"才"的语义分析》,《中国语文》,1987 年第 5 期。

4. 蔡俊杰:《汉语信息传递中的言实性的表达研究》,上海师范大学博士学位论文,2018 年。

5. 曹秀玲:《再议"连……都/也……"句式》,《语文研究》,2005 年第 13 期。

6. 曹秀玲:王清华《从基本话语到元话语——以汉语让转义"X 然"类词语为例》,《中国语文》,2015 年第 6 期。

7. 曹秀玲:《话语标记的多源性与非排他性——以汉语超预期话语标记为例》,《语言科学》,2012 年第 3 期。

8. 曹秀玲:《"说"和"是"与关联词语组合浅谈》,《中国语文》,2012 年第 5 期。

9. 陈鸿瑶:《副词"也"的反预期功能》,《东北师大学报(哲学社会科学版)》,2015 年第 2 期。

10. 陈丽:《从主观确认到关联标记:副词"其实"转折功能的形成》,《延边大学学报(哲学社会科学版)》,2016 年第 6 期。

11. 陈立民:《也说"就"和"才"》,《当代语言学》,2005 年第 1 期。

12. 陈小荷:《主观量问题初探:兼谈副词"就"、"才"、"都"》,《世界汉语教学》,1994 年第 4 期。

13. 陈赵赟:《回声拷贝式"A 就 A"在现代汉语篇章中的考察》,《语言教学与研究》,2017 年第 5 期。

14. 储泽祥、谢晓明:《汉语语法化研究中应该注意的若干问题》,《世界汉语教学》,2002 年第 3 期。

15. 崔蕊:《现代汉语虚词的主观性和主观化研究》,知识产权出版社,2014 年。

16. 崔希亮:《试论关联形式"连……也/都……"的多重语言信息》,《世界汉语教学》,1990 年第 3 期。

17. 戴耀晶:《试论现代汉语的否定范畴》,《语言教学与研究》,2000 年第 3 期。

18. 邓川林:《语用量级与句尾"了"的成句条件》,《语言科学》,2015 年第 2 期。

19. 董秀芳:《词汇化:汉语双音词的衍生和发展》,四川民族出版社,2002 年。

20. 董秀芳:《"是"的进一步语法化:由虚词到词内成分》,《当代语言学》,2004 年第 1 期。

21. 董秀芳:《从动作的重复和持续到程度的增量和强调》,《汉语学习》,2017 年第 4 期。

22. 杜超:《"大不了"的多角度考察》,浙江师范大学硕士学位论文,2012 年。

23. 杜道流:《拂逆句中的语气副词"还"》,《汉语学习》,2014 年第 3 期。

24. 范开泰:《语用分析说略》,《中国语文》,1985 年第 6 期。

25. 范开泰,张亚军:《现代汉语语法分析》,华东师范大学出版社,2000 年。

26. 范开泰:《省略、隐含、暗示》,《语言教学与研究》,1990 年第 2 期。

27. 范开泰:《语法分析三个平面》,《语言教学与研究》,1993 年第 3 期。

28. 范伟:《"大不了"的情态语义探析》,《池州学院学报》,2014 年第 5 期。

29. 范晓、胡裕树:《有关语法研究三个平面的几个问题》,《中国语文》,1992 年第 4 期。

30. 方迪:《互动视角下的汉语口语评价表达研究》,中国社会科学院研究生院,2019年。

31. 方梅:《汉语对比焦点的句法表现手段》,《中国语文》,1995年第4期。

32. 方梅:《自然口语中弱化连词的话语标记功能》,《中国语文》,2000年第5期。

33. 方梅:《再说"呢"——从互动角度看语气词的性质与功能》,《语法研究和探索(十八)》,2016年。

34. 方梅:《负面评价表达的规约化》,《中国语文》,2017年第2期。

35. 方梅,李先银,谢心阳:《互动语言学与互动视角下的汉语研究》,《语言教学与研究》,2018年第3期。

36. 方梅、乐耀:《规约化与立场表达》,北京大学出版社,2017年。

37. 方清明:《论汉语叙实性语用标记"实际上"兼与"事实上、其实"比较》,《语言教学与研究》,2013年第4期。

38. 符达维:《"同义"与"同指"》,《修辞学习》,1988年第5期。

39. 高顺全:《多义副词的语法化顺序和习得顺序研究》,复旦大学出版社,2016年。

40. 高增霞:《副词"还"的基本义》,《世界汉语教学》,2002年第2期。

41. 高增霞:《从互动角度看"吧"的使用》,《福州大学学报(哲学社会科学版)》,2016年第3期。

42. 龚卫东:《广义梯级含义理论及其应用》,上海外国语大学博士学位论文,2006年。

43. 龚卫东、蒋勇:《国外极性词语的梯级研究》,《外语学刊》,2006年第6期。

44. 谷峰:《汉语反预期标记研究述评》,《汉语学习》,2014年第4期。

45. 郭锐:《过程和非过程——汉语谓词性成分的两种外在时间类型》,《中国语文》,1997年第3期。

46. 郭锐:《衍推和否定》,《世界汉语教学》,2004年第2期。

47. 郭锐:《语义结构和汉语虚词语义分析》,《世界汉语教学》,2008年第4期。

48. 韩蕾:《"人称代词+称谓"序列的话题焦点性质》,《汉语学习》,2009年第5期。

49. 韩礼德：《论语法》，北京大学出版社，2015 年。

50. 贺阳：《试论汉语书面语的语气系统》，《中国人民大学学报》，1992 年第 5 期。

51. 何向东：《"其实"的逻辑特征初探》，《河南大学学报（哲学社会科学版）》，1988 年第 6 期。

52. 何自然、冉永平：《新编语用学概论》，北京大学出版社，2010 年。

53. 侯瑞芬：《再析"不""没"的对立与中和》，《中国语文》，2016 年第 3 期。

54. 侯学超：《现代汉语虚词词典》，北京大学出版社，1998 年。

55. 侯玉波：《社会心理学（第二版）》，北京大学出版社，2007 年。

56. 黄佩文：《句式"哪里是 A，简直是 B"》，《汉语学习》，2003 年第 3 期。

57. 胡德明：《"就"与反问句关联的理据》，《汉语学报》，2005 年第 4 期。

58. 胡德明：《从反问句生成机制看反问句否定语义的来源》，《语言研究》，2010 年第 3 期。

59. 胡德明：《话语标记"谁知"的共时与历时考察》，《语言教学与研究》，2011 年第 3 期。

60. 胡虹：《语气副词"偏"与"就"的比较研究》，扬州大学硕士学位论文，2014 年。

61. 胡建刚：《主观量度和"才""都""了₂"的句法匹配模式分析》，《世界汉语教学》，2007 年第 1 期。

62. 季安锋：《预设触发语研究》，南开大学博士学位论文，2009 年。

63. 金立鑫、杜家俊：《"就"与"才"主观量对比研究》，《语言科学》，2013 年第 3 期。

64. 蒋静：《"都"总括全量手段的演变及其分类》，《汉语学习》，2003 年第 4 期。

65. 蒋静忠、潘海华：《"都"的语义分合及解释规则》，《中国语文》，2013 年第 1 期。

66. 蒋静忠、魏红华：《焦点敏感算子"才"和"就"后指的语义差异》，《语言研究》，2010 年第 4 期。

67. 蒋严：《语用推理与"都"的句法语义特征》，《现代外语》，1998 年第 1 期。

68. 蒋勇：《汉语极量极性词语的梯级逻辑和关联分析》，《语言研究集刊》，2008 年第 1 期。

69. 蒋勇:《基于信息论的极性词的梯级模型》,《外语学刊》,2013 年第 1 期。

70. 柯理思:《论表示说话者的主观判断的"不了"格式及其语法化过程》,《现代中国语研究》,2000 年第 1 期。

71. 李泉:《主观限量强调标记"简直"》,《国际汉语教学研究》,2014 年第 4 期。

72. 李劲荣:《信息结构与句法异位》,《当代修辞学》,2014 年第 3 期。

73. 李劲荣:《情理之中与预料之外:谈"并"和"又"的语法意义》,《汉语学习》,2014 年第 4 期。

74. 李文浩:《作为构式的"都 X 了"及其形成机制》,《语言教学与研究》,2010 年第 5 期。

75. 李文浩:《凸显观参照下"每"和"各"的语义差别及其句法验证》,《汉语学习》,2016 年第 2 期。

76. 李先银:《现代汉语话语标记研究》,世界图书出版公司,2017 年。

77. 李小军:《表负面评价的语用省略——以构式"(X)真是(的)"和"这/那个＋人名"为例》,《当代修辞学》,2011 年第 4 期。

78. 李宇明:《动词重叠的意义》,《世界汉语教学》,1996 年第 1 期。

79. 李宇明:《汉语量范畴研究》,华中师范大学出版社,2000 年。

80. 李宇凤:《回应否定预期对立的"X 就 X"构式》,《语言教学与研究》,2018 年第 5 期。

81. 李宗江:《副词"倒"及相关副词的语义功能和历时演变》,《汉语学报》,2005 年第 2 期。

82. 李宗江:《表达负面评价的语用标记"问题是"》,《中国语文》,2008 年第 5 期。

83. 李宗江:《近代汉语"坦言"类语用标记及其演变》,《历史语言学研究》,2015 年第 1 期。

84. 廖秋忠:《语用学的原则介绍》,《国外语言学》,1986 年第 1 期。

85. 廖秋忠:《廖秋忠文集》,北京语言学院出版社,1992 年。

86. 梁凤娟:《〈立场——社会语言学视角〉评介》,《外国语言文学》,2011 年第 3 期。

87. 刘丹青、徐烈炯:《焦点与背景、话题及汉语"连"字句》,《中国语文》,1998 年第 4 期。

88. 刘丹青:《作为典型构式句的非典型"连"字句》,《语言教学与研究》,2005 年第 3 期。

89. 刘丹青:《语法调查研究手册》,上海教育出版社,2008 年。

90. 刘红妮:《汉语非句法结构的词汇化》,上海师范大学博士学位论文,2009 年。

91. 刘乃实:《先设与元语否定》,《外语学刊》,2004 年第 3 期。

92. 刘月华:《实用现代汉语语法》,商务印书馆,2001 年。

93. 陆丙甫:《副词"就"的义项分合问题》,《汉语学习》,1984 年第 1 期。

94. 陆方喆:《反预期标记的性质、特征及分类》,《云南师范大学学报(对外汉语教学与研究版)》,2014 年第 6 期。

95. 陆方喆:《现代汉语反预期标记研究》,中国社会科学出版社,2017 年。

96. 陆方喆、曾君:《反预期标记的形式与功能》,《语言科学》,2019 年第 1 期。

97. 陆俭明、马真:《现代汉语虚词散论》,语文出版社,1999 年。

98. 陆俭明:《从语言信息结构视角重新认识"把"字句》,《语言教学与研究》,2016 年第 1 期。

99. 陆俭明:《重视语言信息结构研究,开拓语言研究的新视野》,《当代修辞学》,2017 年第 4 期。

100. 卢英顺:《从凸显看"了"的语法意义问题》,《汉语学习》,2012 年第 2 期。

101. 吕叔湘:《汉语语法分析问题》,商务印书馆,1979 年。

102. 吕叔湘:《现代汉语八百词(增订本)》,商务印书馆,1999 年。

103. 吕叔湘:《中国文法要略(增订本)》,商务印书馆,2014 年。

104. 马建忠:《马氏文通》,商务印书馆,1898 年。

105. 马真:《说"反而"》,《中国语文》,1983 年第 3 期。

106. 马真:《现代汉语虚词研究方法论》,商务印书馆,2004 年。

107. 聂仁发:《否定词"不"与"没有"的语义特征及其时间意义》,《汉语学习》,2001 年第 1 期。

108. 潘海峰:《汉语副词的主观性与主观化研究》,同济大学出版社,2017 年。

109. 潘海峰:《语气副词立场表达研究范式:内在逻辑与体系构建》,《同济大学学报(社会科学版)》,2023 年第 4 期。

110. 彭睿:《临界频率和非临界频率——频率和语法化关系的重新审视》,《中国语文》,2011 年第 1 期。

111. 强星娜:《作为有标记话题结构的一种"就"字句——兼与"连"字句、"像"字句比较》,《语言教学与研究》,2013 年第 2 期。

112. 强星娜:《意外范畴研究述评》,《语言教学与研究》,2017 年第 6 期。

113. 齐春红:《现代汉语语气副词研究》,华中师范大学博士学位论文,2006 年。

114. 齐春红:《谈"简直与夸张"》,《红河学院学报》,2007 年第 3 期。

115. 齐沪扬、胡建锋:《试论负预期量信息标记格式"X 是 X"》,《世界汉语教学》,2006 年第 2 期。

116. 齐沪扬:《现代汉语语气成分用法词典》,商务印书馆,2011 年。

117. 齐沪扬:《与语气词规范有关的一些问题》,《语言文字应用》,2003 年第 2 期。

118. 齐沪扬:《语气词与语气系统》,安徽教育出版社,2002 年。

119. 齐沪扬:《语气副词的语用功能研究》,《语言教学与研究》,2003 年第 1 期。

120. 齐沪扬:《现代汉语虚词研究与对外汉语教学》,复旦大学出版社,2005 年。

121. 亓文香:《主观向量副词"充其量"的词汇化与认知研究》,《烟台大学学报(哲学社会科学版)》,2018 年第 1 期。

122. 屈承熹:《汉语副词的篇章功能》,《语言教学与研究》,1991 年第 2 期。

123. 任鹰:《语气词"呢"的功能及来源再议》,《语言教学与研究》,2017 年第 5 期。

124. 邵洪亮:《副词"还是"的元语用法》,《语言教学与研究》,2013 年第 4 期。

125. 邵敬敏:《"大不了 VP"的极性估测及其意志力》,《汉语学习》,2016 年第 6 期。

126. 单威:《现代汉语偏离预期的表达研究》,吉林大学博士学位论文,2017 年。

127. 沈家煊:《"语用否定"观察》,《中国语文》,1993 年第 5 期。

128. 沈家煊:《"有界"与"无界"》,《中国语文》,1995 年第 5 期。

129. 沈家煊:《类型学中的标记模式》,《外语教学与研究》,1997 年第 1 期。

130. 沈家煊:《不对称与标记论》,江西教育出版社,1999 年。

131. 沈家煊:《语言的主观性和主观化》,《外语教学与研究》,2001 年第 4 期。

132. 沈家煊:《与副词"还"有关的两个句式》,《中国语文》,2001 年第 6 期。

133. 沈家煊:《复句三域"行、知、言"》,《中国语文》,2003 年第 3 期。

134. 沈家煊:《语法六讲》,商务印书馆,2011 年。

135. 沈家煊:《从英汉答问方式的差异说起》,载方梅主编《互动语言学与汉语研究(第一辑)》,世界图书出版公司,2016 年。

136. 申智奇:《关联理论对说服行为的解释》,《外国语言文学》,2004 年第 4 期。

137. 石定栩:《副词与背景命题——"偏偏"的语义与句法特性》,《外语教学与研究》,2017 年第 6 期。

138. 石慧敏、吴为善:《隐性语义等级序列的激活机制及其语篇整合效应》,《世界汉语教学》,2014 年第 4 期。

139. 石毓智:《肯定和否定的对称与不对称》,台湾学生书局,1992 年。

140. 石毓智:《语法的形式和理据》,江西教育出版社,2001 年。

141. 史金生:《现代汉语副词的语义功能研究》,南开大学博士论文,2002 年。

142. 史金生:《语气副词的范围、类别和共现顺序》,《中国语文》,2003 年第 1 期。

143. 史金生:《"又""也"的辩驳语气用法及其语法化》,《世界汉语教学》,2005 年第 4 期。

144. 史金生:《现代汉语副词连用顺序和同现研究》,商务印书馆,2011 年。

145. 宋丹:《"大不了"的多角度考察》,上海师范大学硕士学位论文,2014 年。

146. 孙茂恒:《"大不了"的词汇化及其词典释义探究》,《鲁东大学学报》,2011 年第 4 期。

147. 唐霞:《中美"劝说"言语行为的对比研究》,广西师范大学硕士学位论文,2007 年。

148. 唐贤清、罗主宾：《构式"哪里是 A,简直是 B"的主观性分析》,《语言科学》,2014 年第 4 期。

149. 田华静、王振华：《态度系统的范畴化问题及其拓扑应对》,《当代修辞学》,2019 年第 1 期。

150. 田家隆：《主观强化与情态追加:单音节语气副词后置现象探究——以"还、都、也"为例》,《世界华文教学》,2015 年第 1 期。

151. 田婷：《自然会话中"其实"的话语标记功能及言者知识立场》,《汉语学习》,2017 年第 4 期。

152. 王灿龙：《"宁可"的语用分析及其他》,《中国语文》,2003 年第 3 期。

153. 王灿龙：《现代汉语回声拷贝结构分析》,《汉语学习》,2002 年第 6 期。

154. 王长武：《引述回应格式"X 就 X"论析》,《新疆大学学报(哲学·人文社会科学版)》,2016 年第 2 期。

155. 王长武：《引述回应格式的界定及框式结构分析》,《北京教育学院学报》,2016 年第 5 期。

156. 王还：《再谈谈"都"》,《语言教学与研究》,1988 年第 2 期。

157. 王江：《篇章关联副词"其实"的多角度分析》,延边大学硕士学位论文,2003 年。

158. 王力：《中国现代语法》,商务印书馆,1985 年。

159. 王力：《中国语法理论》,中华书局,1954 年。

160. 王倩、马贝加：《汉语副词"重复——语气"语义演变模式初探——以"又"为例》,《齐齐哈尔大学学报(哲学社会科学版)》,2013 年第 2 期。

161. 王文博：《预设的认知研究》,《外国教学与研究》,2003 年第 1 期。

162. 王天佑：《"宁可、宁愿、宁肯"差异的认知及语用分析》,《重庆三峡学院学报》,2009 年第 5 期。

163. 王雅静：《"简直"的语义量级标记作用及教学建议》,《宁夏大学学报(人文社会科学版)》,2017 年第 5 期。

164. 王振华：《评价系统及其运作——系统功能语言学的新发展》,《外国语》,2001 年第 6 期。

165. 王振华：《从态度系统考量奥巴马获 2009 年度诺贝尔和平奖引发的争议》,《当代外语研究》,2010 年第 3 期。

166. 王志英：《现代汉语特殊否定现象认知研究》,上海师范大学博士学位论文,2012 年。

167. 文炼:《与语言符号有关的问题——兼论语法分析中的三个平面》,《中国语文》,1991 年第 2 期。

168. 文旭:《语言的认知基础》,科学出版社,2016 年。

169. 武果:《副词"还"的主观性用法》,《世界汉语教学》,2009 年第 3 期。

170. 吴春相、田洁:《回声拷贝式的"慨允义"和修辞动因》,《修辞学习》,2009 年第 3 期。

171. 吴春相、曹春静:《论新兴结构"简直了"形成的机制与动因》,《当代修辞学》,2018 年第 3 期。

172. 吴德新:《"简直"的语法化》,《延边大学学报(社会科学版)》,2016 年第 3 期。

173. 吴福祥:《说"X 不必 Y·Z"的语用功能》,《中国语文》,2004 年第 3 期。

174. 吴福祥:《汉语主观性与主观化研究》,商务印书馆,2011 年。

175. 吴竞存、梁伯枢:《现代汉语句法结构与分析》,语文出版社 1992 年。

176. 吴为善:《认知语言学与汉语研究》,复旦大学出版社,2011 年。

177. 吴中伟:《论"又不 P,～Q"中"又"的意义》,《汉语学习》,1999 年第 4 期。

178. 肖治野、沈家煊:《"了 2"的行、知、言三域》,《中国语文》,2009 年第 6 期。

179. 谢晓明、刘渝西:《"大不了"的语用功用与演化过程》,《汉语学报》,2013 年第 1 期。

180. 徐晶凝:《现代汉语话语情态研究》,昆仑出版社,2008 年。

181. 徐晶凝:《认识立场标记"我觉得"初探》,《世界汉语教学》,2012 年第 2 期。

182. 徐烈炯、刘丹青:《话题的结构与功能》,上海教育出版社,2007 年。

183. 徐烈炯、刘丹青:《话题与焦点新论》,上海教育出版社,2003 年。

184. 徐烈炯、潘海华:《焦点结构和意义的研究》,外语教学与研究出版社,2005 年。

185. 徐赳赳:《叙述文中直接引语分析》,《语言教学与研究》,1996 年第 1 期。

186. 许慎:《说文解字》,中华书局,1963 年。

187. 徐以中、杨亦鸣:《副词"都"的主观性、客观性及语用歧义》,《语言研究》,2005 年第 3 期。

188. 姚双云:《"浮现语法"与语法的浮现》,《中国社会科学报》,2011 年第 5 期。

189. 姚双云:《话语中的立场表达:主观性、评价与互动评介》,《外语教学与研究》,2011 年第 1 期。

190. 杨荣祥:《近代汉语副词研究》,中华书局,2005 年。

191. 杨万兵:《语气副词"简直"的语法化和主观化》,《四川师范大学学报(社会科学版)》,2016 年第 5 期。

192. 杨德峰:《也说"A 就 A"格式》,《语言文字应用》,2005 年第 3 期。

193. 杨德峰:《连词带语气词情况及语气词的作用》,《华文教学与研究》,2018 年第 1 期。

194. 易正中:《反预期功能句型"亏你 VP"》,《汉语学习》,2014 年第 3 期。

195. 尹洪波:《"并不"中"并"的功能》,《北华大学学报(哲学社会科学版)》,2011 年第 3 期。

196. 尹洪波:《否定与转折》,《语言研究集刊》,2014 年第 1 期。

197. 袁毓林:《论否定句的焦点、预设和辖域歧义》,《中国语文》,2000 年第 2 期。

198. 袁毓林:《多项副词共现的语序原则及其认知解释》,《语言学论丛》,2002 年。

199. 袁毓林:《反预期、递进关系和语用尺度的类型——"甚至"和"反而"的语义功能比较》,《当代语言学》,2008 年第 2 期。

200. 袁毓林:《"都"的语义功能和关联方向新解》,《中国语文》,2005 年第 2 期。

201. 袁毓林:《论"都"的隐性否定和极项允准功能》,《中国语文》,2007 年第 4 期。

202. 袁毓林:《汉语句子的焦点结构和语义解释究》,商务印书馆,2012 年。

203. 袁毓林:《汉语反事实表达及其思维特点》,《中国社会科学》,2015 年第 4 期。

204. 赵春利、石定栩:《语气、情态与句子功能类型》,《外语教学与研究》,2011 年第 4 期。

205. 章敏:《现代汉语中情态指向的反事实句研究》,浙江大学博士学位论文,2017 年。

206. 张斌:《汉语语法学》,上海教育出版社,1998 年。

207. 张斌:《现代汉语虚词词典》,商务印书馆,2001 年。

208. 张伯江、方梅:《汉语功能语法研究》,江西教育出版社,1996 年。

209. 张伯江:《连动式的及物性解释》,载中国语文杂志社编,《语法研究和探索(九)》,商务印书馆,2000 年。

210. 张德禄:《论语言交际中的交际意图》,《解放军外国语学院学报》,1998 年第 3 期。

211. 张桂宾:《相对程度副词与绝对程度副词》,《华东师范大学学报(哲学社会科学版)》,1997 年第 2 期。

212. 张健军:《现代汉语转折范畴的认知语用研究》,东北师范大学博士学位论文,2012 年。

213. 张旺熹、李慧敏:《对话语境与副词"可"的交互主观性》,《语言教学与研究》,2009 年第 2 期。

214. 张旺熹:《汉语句法的认知结构研究》,学林出版社,2016 年,第 24 页。

215. 张亚军:《副词与限定描状功能》,安徽教育出版社,2002 年。

216. 张亚军:《语气副词的功能及其词类归属》,《扬州大学学报》,2005 年第 5 期。

217. 张旭:《估价副词"就"和"才"的语用分析》,《天津师范大学学报》,1999 年第 2 期。

218. 张滟:《结构性话语标记:语义—句法—话语界面——以"A 就 A"为例》,《当代修辞学》,2014 年第 1 期。

219. 张则顺:《现代汉语确信副词研究》,中国社会科学出版社,2015 年。

220. 张谊生:《现代汉语副词的性质、范围与分类》,《语言研究》,2000 年第 2 期。

221. 张谊生:《论与汉语副词相关的虚化机制——兼论现代汉语副词的性质、分类与范围》,《中国语文》,2000 年第 1 期。

222. 张谊生:《论现代汉语的范围副词》,《上海师范大学学报(社会科学版)》,2001 年第 1 期。

223. 张谊生:《"副＋是"的历时演化和共时变异——兼论现代汉语"副＋是"

的表达功用和分布范围》,《语言科学》,2003 年第 3 期。

224. 张谊生:《范围副词"都"的选择限制》,《中国语文》,2003 年第 5 期。

225. 张谊生:《副词"都"的语法化与主观化》,《徐州师范大学学报》,2005 年第 1 期。

226. 张谊生:《试论主观量标记"没"、"不"、"好"》,《中国语文》,2006 年第 2 期。

227. 张谊生:《现代汉语副词研究》,商务印书馆,2014 年。

228. 张谊生:《现代汉语副词"才"的共时比较》《上海师范大学学报(哲学社会科学版)》,1999 年第 6 期。

229. 赵春利、石定栩:《语气、情态与句子功能类型》,《外语教学与研究》,2011 年第 4 期。

230. 赵国军:《现代汉语变量的表达》,华东师范大学大学博士学位论文,2008 年。

231. 郑娟曼:《"还 NP 呢"构式分析》,《语言教学与研究》,2009 年第 2 期。

232. 郑娟曼:《所言预期与所含预期——"我说呢、我说嘛、我说吧"的用法分析》,《中国语文》,2018 年 5 月。

233. 中国社会科学院语言研究所编:《现代汉语词典》,商务印书馆,2016 年。

234. 周敏莉:《"大不了"的词汇化》,《理论月刊》,2012 年第 12 期。

235. 周守晋:《"主观量"的语义信息特征与"就"、"才"的语义》,《北京大学学报》(哲学社会科学版),2004 年第 3 期。

236. 朱德熙:《现代汉语形容词研究》,《语言研究》,1956 年第 1 期。

237. 朱德熙:《语法讲义》,商务印书馆,1982 年。

238. 朱德熙:《语法答问》,商务印书馆,1985 年。

239. 宗守云:《说反预期结构式"X 比 Y 还 W"》,《语言研究》,2011 年第 3 期。

240. 宗守云:《"还 X 呢"构式:行域贬抑、知域否定、言域嗔怪》,《语言教学与研究》,2016 年第 4 期。

241. 左思民:《级差序列用其分类和语用价值》,《长江学术》,2008 年第 4 期。

（二）外文参考文献：

1. Aikhenvald，A. Y. The essence of mirativity. *Linguistic Typology*，16（3），2012.

2. Biber，Douglas and Edward Finegan. Styles of stance in English：Lexical and grammatical marking of evidentiality and affect. *Text* 9（1），1989.

3. Biber，Douglas and Susan Conrad. *Register*，*Genre*，*and Style*. Cambridge：Cambridge University Press，2009.

4. Blakemore D. *Relevance and Linguistic Meaning The Semantics and Pragmatics of Discourse Markers*. Cambridge：Cambridge University Press，2002.

5. Bybee，Joan L. Mechanisms of change in grammaticalization：the role of frequency. In Joseph Brian D and Richard D. Janda eds. *The Handbook of Historical Linguistics*，Malden，MA：Blackwell，2003.

6. Chafe，W. L. *Givenness*，*Contractiveness*，*Definiteness*，*Subjects*，*Topics*，*and Point of View*. In Subject and Topic，Charles N. Li（ed.）. New York：Academic Press，1976.

7. Chomsky，Noam. *Deep structure*，*surface structure*，*and semantic interpretation*. In Semantics，ed. by Danny Steinberg and Leon Jacobovits. London：Cambridge University Press，1971.

8. Croft，W. *Typology and Universals*. Cambridge：Cambridge University Press，1990.

9. Goodwin，Charles and Marjorie H. Goodwin. Concurrent operations on talk：Notes on the interactive organization of assessments. *IPRA Papers in Pragmatics* 1（1），1987.

10. Crismore，A. *Talking with Readers*：*Metadiscourse as Rhetorical Act*. New York：Peter Lang，1989.

11. Goodwin C，Goodwin M H. Concurrent Operations on Talk：Notes on the Interactive Organization of Assesments. *Pragmatics*，2010（1）.

12. Dahl. *Grammaticalization and life cycles of construction*. Stockholm：Stockholm University. 2000.

13. Du Bois，John W. *The Stance Triangle*. In Englebretson，Robert(ed.). *Stanc-etaking in Discourse*：*Subjectivity*，*Evaluation*，*Interaction*. Amsterdam：John Benjamins，2007.

14. Fauconnier，Gilles. Pragmatic Scales and Logical Structures. *Linguistic Inquiry*，1975(6).

15. Fillmore，Charles J. Paul Kay and Mary Catherine O'Connor. Regularity and Idiomaticity in grammatical constructions：The Case of "Let Alone". *Language*，1988.

16. Frege，Gottlob. *On Sense and Meaning in Brain*. Basil，Blackwell，Oxford，1892.

17. Givón，T. *Bio-linguistics*，*The Santa-Barbara Lecture*. Amsterdam：John Benjamins，2002.

18. Grice，H. P. *Logic and Conversation*. In P. Grice(ed.)，*Studies in the Way of Words*. Cambridge：Harvard University Press，1975.

19. Grice，H. P. *Studies in the Way of Words*. Cambridge：Harvard University Press，1989.

20. Halliday，M. A. K. *An Introduction to Functional Grammar*. London：Edward Arnold，1985.

21. Halliday，M. A. K. *Spoken and written Language*. Victoria：Deakin University，1985.

22. Heine B，Claudi U and Hünnemeyer F. *Grammaticalization*：*A Conceptual Framework*. Chicago and London：University of Chicago Press，1991.

23. Horn，L. *Toward a new taxonomy for pragmatic inference*：*Q ~ and R ~ based implicature*. In D. Shiffrin(ed.). *Meaning*，*Form*，*and Use in Context*. Washington. DC：Georgetown University Press，1984.

24. Israel，Michael. *The Rhetoric of Grammar*：*Scalar Reasoning and Polarity Sensitivity*. Ph. D. Dissertation，University of California，San Diego，1998.

25. Israel，Michael. Minimizers，Maximizers and the Rhetoric of Scalar Reasoning. *Journal of Semantics*，2001(18).

26. Jaffe，Alexandra (ed.). *Stance*：*Sociolinguistic perspectives*. London：Oxford University Press，2009.

27. Krug, Manfred. String frequency: a cognitive motivating factor in coalescence, language processing and linguistics change. *Journal of English Linguistics*. 1998.

28. Labov, William. *Language in the Tnner City: Studies in the Black English Vernacular*. Pennsylvania: University of Pennsylvania Press. 1972.

29. Lakoff, G. *Women, Fire, and Dangerous Things*. Chicago: The University of Chicago Press, 1987.

30. Langacker, R, W. *Foundations of Cognitive Grammar*. Stanford: Stanford University Press, 1987.

31. Langacker, R. W. *Foundations of Cognitive Grammar*. *Vol. II. Descriptive Application*. Stanford: Stanford University Press, 1991.

32. Lyons, J. *Linguistic Semantics*. New York: Cambridge University Press, 1995.

33. Lyons, J. *Semantics II*. Cambridge: Cambridge University Press, 1977.

34. Martin, J. R. & P. R. White. *The Language of Evaluation: Appraisal in English*. New York: Palgrave & Macmillan, 2005.

35. Palmer, F. R. *Mood and Modality*. Cambridge: CUP, 1986.

36. Rooth, Mats. *Association with focus*. Ph. D. Dissertation, University of Massachusetts, Amherst, MA. 1985.

37. Schiffrin, D. *Discourse Markers*. Cambridge: Cambridge University Press, 1987.

38. Scheibman, Joanne *Point of View and Grammar: Structural Patterns of Subjectivity in American English Conversation*. Amsterdam: John Benjamins. 2002.

39. Sperber, D. & Wilson, D. *Relevance: Communication and Cognition*[M]. Oxford: Blackwell, 1986.

40. Thompson(ed.), *Evaluation in Text: Authorial Stance and the Construction of Discourse*, Oxford: Oxford University Press, 2000.

41. Traugott, Elizabeth Closs & Richard B. Dasher. *Regularity in Semantic Change*. Cambridge: Cambridge University Press, 2002.

42. Traugott, Elizabeth Closs. *From subjectification to intersubjectification*. In Raymond Hickey (ed.), *Motives for Language Change*. Cambridge: Cambridge University Press, 2003.

后　记

　　本书作为安徽省哲学社会科学规划青年项目的结项成果,是在本人博士学位论文基础上修改完成的,全书有7篇文章在不同期刊发表。

　　评价立场的表达是动态的语言交际过程,把语气副词放在互动会话中去研究,才更能深刻理解它独特的语用功能。基于自然口语语料,运用评价立场理论去深入挖掘语气副词的人际功能,是本课题研究的初心,但因个人学力有限,只是从反预期与评价立场角度进行了研究,没能全方位系统性考察语气副词所体现的言者评价立场。此外,书中对言语事实的描写及解释也难免存在不全面、不到位的地方,也请师友批评指正。希望本书所做的工作能对学者们从事相关研究有所启发,有所助益。

　　本书能顺利出版特别感谢我的导师方绪军教授,博士学位论文的选题一直到答辩都是在方老师的指导和督促下完成的;特别感谢我的硕导刘慧清老师,理论基础是在硕士阶段打下的,学术兴趣是在硕士阶段培养的;特别感谢我本科阶段的班主任李铁范教授,他是我学术道路上的引路人,并且百忙之中亲自指导项目研究;特别感谢齐沪扬教授、曹秀玲教授、杜道流教授、高再兰教授等老师在我求学道路上一直对我的鼓励和支持。特别感谢刘德贝博士,不仅参与课题研究还协助统一文稿体例,核对参考文献信息;特别感谢责任编辑杜鹃老师不厌其烦、耐心细致的工作,为本书助益良多。

　　求学之路,道阻且长。有幸得到师长的关心、好友的陪伴以及家人的默默支持。此刻,大儿以谦争吵着要我把他写进后记,小儿以修正蹒跚学步。这些都使我感到无比地温暖。由于作者水平有限,本书难免会存在不尽如人意之处,敬请各位读者批评指正。

2024 年初春于淮北师范大学

武钦青

图书在版编目(CIP)数据

现代汉语语气副词的反预期与评价立场表达研究 /
武钦青著. -- 上海 ： 上海三联书店，2024．7 -- ISBN
978-7-5426-8566-7

Ⅰ．H146.2

中国国家版本馆 CIP 数据核字第 2024PW2686 号

现代汉语语气副词的反预期与评价立场表达研究

著　　者 / 武钦青

责任编辑 / 杜　鹃
装帧设计 / 一本好书
监　　制 / 姚　军
责任校对 / 王凌霄

出版发行 / 上海三联书店
　　　　　(200041)中国上海市静安区威海路 755 号 30 楼
邮　　箱 / sdxsanlian@sina.com
联系电话 / 编辑部：021 - 22895517
　　　　　　发行部：021 - 22895559
印　　刷 / 上海颛辉印刷厂有限公司

版　　次 / 2024 年 7 月第 1 版
印　　次 / 2024 年 7 月第 1 次印刷
开　　本 / 890mm×1240mm　1/32
字　　数 / 163 千字
印　　张 / 8.125
书　　号 / ISBN 978 - 7 - 5426 - 8566 - 7/H・136
定　　价 / 89.00 元

敬启读者,如发现本书有印装质量问题,请与印刷厂联系 021 - 56152633